Cultura e educação

Teixeira Coelho (org.)
Alfons Martinell Sempere; Edgard de Assis Carvalho;
Gemma Carbó Ribugent; Jurema Machado;
Lucina Jiménez; Patricio Rivas; Saúl Sosnowski

CULTURA E EDUCAÇÃO

ILUMI//URAS

Copyright © 2011
Itaú Cultural

Copyright © desta edição
Editora Iluminuras Ltda.

Capa
Michaella Pivetti

Foto da capa
imagens extraídas do site livre www.sxc.hu
Agradecimentos para o autor da foto: Ivan Vicencio (Santiago, Chile).

Tradução
Ana Goldberger

Revisão
Ana Luiza Couto
Jane Pessoa

Os textos publicados neste volume foram escritos para o Seminário Cultura e Educação realizado no Observatório Itaú Cultural em setembro de 2009, em São Paulo, SP.

CIP-BRASIL. CATALOGAÇÃO-NA-FONTE
SINDICATO NACIONAL DOS EDITORES DE LIVROS, RJ

C974

    Cultura e educação / Teixeira Coelho (org.) ; [autores] Alfons Martinell Sempere ... [et al] ; [tradução Ana Goldberger]. - São Paulo : Iluminuras : Itaú Cultural, 2011.
    144p. : 23cm

    Inclui bibliografia
    ISBN 978-85-7321-345-4 (Iluminuras)
    ISBN 978-85-7979-017-1 (Itaú Cultural)

    1. Educação - Aspectos sociais. 2. Cultura. I. Coelho, Teixeira, 1944-. II. Sempere, Alfons Martinell. III. Instituto Itaú Cultural. IV. Título.

11-2490.   CDD: 306.43
                     CDU: 316.74:37

05.05.11   06.05.11   026188

2011
EDITORA ILUMINURAS LTDA.
Rua Inácio Pereira da Rocha, 389 - 05432-011 - São Paulo - SP - Brasil
Tel./Fax: 55 11 3031-6161
iluminuras@iluminuras.com.br
www.iluminuras.com.br

SUMÁRIO

Apresentação — *A grande falha* 9

A invasão pelos outros e como contê-la 11
Teixeira Coelho

Religação dos saberes e educação do futuro 29
Edgard de Assis Carvalho

Áreas de interseção entre cultura e
   educação: a formação de formadores 43
Gemma Carbó Ribugent

Arte, ciência e corpo: para uma reconciliação do pensar e do sentir 59
Lucina Jiménez

As tramas da cultura 77
Patricio Rivas

Notas sobre educação e a escorregadia determinante cultural 83
Saúl Sosnowski

Reflexões sobre a relação entre Cultura e
 Educação e a experiência da Educação Básica no Brasil 97
Jurema Machado

As relações entre políticas culturais e
 políticas educacionais: para uma agenda comum 113
Alfons Martinell Sempere

Sobre os autores 139

O Instituto Itaú Cultural, por meio de seu Observatório, realizou o "Seminário Internacional Educação e Cultura" entre os dias 14 e 15 de setembro de 2009, na Sala Vermelha do Instituto Itaú Cultural, em São Paulo (SP). A participação de convidados brasileiros e estrangeiros — citados abaixo — permitiu a discussão de suas práticas, reflexões e experiências em seus respectivos países de atuação, com proposições de como culturalizar o ensino, por meio de iniciativas administrativas e curriculares e mediante ações cotidianas em sala de aula. Entre os temas tratados foram abordadas as relações entre ensino formal e o informal e a cultura como pauta a perseguir. O objetivo do evento foi sugerir, nas políticas culturais, espaços para a educação com cultura, em que se enfatizou a formação cultural de docentes dos diferentes níveis e os processos de atualização continuada de professores.

Este livro é composto de textos relacionados aos temas discutidos pelos participantes durante o seminário.

PARTICIPANTES:
Alfons Martinell Sempere (Espanha)
Edgard de Assis Carvalho (Brasil)
Gemma Carbó Ribugent (Espanha)
Jurema Machado (Brasil).
Lucina Jiménez (México)
Patricio Rivas (Colômbia)
Saúl Sosnowski (Estados Unidos)
Teixeira Coelho (Brasil)

APRESENTAÇÃO

A GRANDE FALHA

A educação no Brasil é largamente desculturalizada. Em outras palavras, educação e cultura correm por caminhos distintos e muito distantes um do outro. Estudos comparativos mostram que, no Brasil, é baixíssima a capacidade de entendimento de um texto lido (o país ficou em último lugar entre 31 participantes, incluindo vários da América Latina, num recente estudo realizado pelo Programa Internacional de Avaliação de Estudantes - Pisa[1]). Diante desse quadro profundamente lamentável, que dá uma ideia corrigida do real grau de desenvolvimento ou de subdesenvolvimento do país, quase não cabe discutir se cultura é o conhecimento dos clássicos e do conteúdo dos museus de arte ou se é a prática cotidiana mais ao alcance da mão, aquela que se dá nas ruas ou nas telas da TV e da Internet: algo está faltando no processo de ensino. E muito. No Brasil como em tantos outros lugares, é verdade, mas aqui mais do que em muita outra parte.

Mas, de qual educação culturalizada se trata? Quais seus componentes? O que define um "cidadão educado" e um "cidadão culturalmente educado"? E quando diante do menor problema orçamentário do poder público — municipal, estadual ou nacional — cortam-se do currículo as horas dedicadas à arte, à música, ao desenho, que quadro culturalmente educativo sobrevive? Diante das novas tecnologias, o que privilegiar? E quando se avalia o processo, quem é avaliado: aquele que transmite a informação, o professor, ou aquele que a recebe, o aluno? Estaria o professor em condições melhores do que seus alunos ou é o contrário? Quais as relações entre as políticas culturais e as políticas educativas? Podem, uma e outra, lograr seus objetivos isoladamente, sem estabelecer espaços de colaboração? Como aumentar o impacto das políticas educativas e culturais?

[1] O Pisa é um programa internacional de avaliação comparada — desenvolvido e coordenado pela Organização para Cooperação e Desenvolvimento Econômico (OCDE) — que opera com indicadores sobre o real aproveitamento dos sistemas educacionais. A pesquisa é feita com alunos na faixa dos quinze anos, quando em princípio estaria encerrado o período de escolaridade básica obrigatória nos países que integram o programa.

Estas são perguntas de difícil resposta, entre outras tantas. Tanto que muitas vezes sequer são feitas. Neste livro elas são enfrentadas. As dúvidas são muitas, diante de algumas poucas certezas firmes. Entre elas, o fato de que na maior parte do tempo professores que são culturalmente do século XX lidam com estudantes culturalmente do século XXI por meio de conteúdos culturais provenientes do século XIX na melhor das hipóteses. A fratura cultural assim criada é enorme, o desconforto dos professores é evidente e o dos estudantes, maior ainda — quando o sentem.

Especialistas de diferentes países trazem aqui suas reflexões e experiências para uma discussão que precisa ser constantemente refeita. Abaixo da superfície de uma já evidente intranquilidade cultural corre uma falha, para usar um termo da geologia, que aumenta sempre mais a instabilidade do processo social como um todo. A reconfiguração do sistema é uma óbvia necessidade. Um estudo recente realizado na França sobre a eficácia da política cultural nacional mostra que na verdade são duas as principais causas de um maior "consumo de cultura" ou, em todo caso, de uma maior exposição das pessoas à cultura: melhor nível de renda pessoal ou familiar, maior e melhor formação educacional. Mais dinheiro na mão é importante. Mas não basta: decisivo é um tempo maior dedicado a uma boa educação. Com isso, quase se poderia dispensar boa parte dos programas de política cultural: a cultura se resolve sozinha, por si mesma, como na verdade o fez durante todo esse longo tempo da história da humanidade em que não houve política cultural no sentido que hoje se dá a essa expressão.

Mas, é bom destacar: estamos falando de educação, não de treinamento. Um universo se abre entre uma coisa e outra — e é ao redor desse buraco negro que evoluem as hipóteses e sugestões levantadas neste livro.

Teixeira Coelho

A INVASÃO PELOS OUTROS E COMO CONTÊ-LA

Teixeira Coelho

Metáforas surgem-nos dos modos mais inesperados. Em especial quando não estão sendo procuradas. Metáfora lancinante sobre a educação e a cultura, e a cultura da educação, ocorreu-me num fim de noite ao ler uma reflexão de W.G. Sebald[1] sobre a peça *Kaspar*, de Peter Handke, depois de rever o filme que Werner Herzog fez em 1974 sobre o mesmo tema, intitulado em português *O enigma de Caspar Hauser* mas que em alemão tinha o título bem mais expressivo de *Cada um por si e Deus contra todos*. Seria estimulante indagar os motivos pelos quais esse filme recebeu em português o título eufêmico de *O enigma de Caspar Hauser*. É bem possível que no Brasil tenha-se feito apenas a tradução literal do título idêntico e "de massa" dado à cópia norte-americana dessa película. O romance original de Jacob Wassermann que deu origem ao filme e à peça de Handke, e a umas cinco mil obras mais, chama-se *Caspar Hauser ou A inércia do coração,* outro título bem incômodo para a indústria cultural. Nos EUA, país profundamente religioso, a ideia de que Deus pudesse estar contra todos era, quando o filme foi lá lançado há mais de 35 anos (como quem sabe ainda hoje), talvez impensável. No Brasil, naquele mesmo momento do passado, não era tão impensável assim, como não o é hoje talvez com ainda mais razão. No Brasil, não há qualquer atrevimento moral ou religioso mais intenso na sugestão pública de que Deus possa estar contra todos.[2] E o filme de Herzog poderia ter aqui recebido seu título original. Mas essa questão, fazendo parte daquilo que aqui está em jogo, não constitui o ponto central em discussão.

Quando vi o filme pela primeira vez, à época de seu lançamento original no Brasil, há 35 anos, essa metáfora sobre a educação não me ocorreu. Naquele momento, minha percepção do filme poderia hoje ser traduzida

---

[1] "Strangeness, integration and crisis" in *Campo Santo*. Londres: Hamish Hamilton, 2005.
[2] Mesmo porque, Mário de Andrade já havia literariamente nos acostumado a ela, uma vez que põe essa frase na boca de seu personagem Macunaíma, arquetípico herói sem caráter.

nas palavras que Sebald usou para título de seu curto ensaio, por ele escrito em 1975 mas só publicado com destaque num volume póstumo editado em 2005, três anos após sua morte. As palavras que compunham seu título são *estranheza, integração* e *crise*. São palavras que tudo devem a uma inclinação existencialista extremamente significativa para mim naquele momento do passado como ainda hoje. Recordar um pouco a história de Caspar Hauser, como a mostra o romance, a peça e o filme, pode ajudar a entender o alcance dessas três palavras e, depois, da metáfora sobre a educação e a cultura a que me refiro e que me move aqui.

Caspar Hauser viveu encarcerado num aposento indefinido até um momento de sua adolescência tardia, sem contato com seres humanos, animais ou coisas. A verdade sobre sua origem e as razões de seu encarceramento nunca ficaram claras. Uma das suposições dizia que era filho de pais aristocratas (ou de algum pai ou alguma mãe aristocrata), abandonado e mantido em segredo em razão de um segredo impublicável. É um tema não tão incomum na história e na literatura. Caspar Hauser ficou todo o cativeiro atado a uma argola que o mantinha praticamente imóvel e impossibilitado de se erguer. Não manejava as palavras, não tinha noção de espaço, apenas talvez distinguisse entre o dia e a noite que se infiltravam no cubículo. Bebia água de uma jarra e comia pão que alguém lhe deixava na cela à noite, enquanto dormia. Por companheiro, se o era, apenas um cavalinho de madeira sobre rodas cuja correta manipulação ele no entanto desconhecia. Um dia alguém o liberta. Ergue-o, ensina-o a andar, algo que Caspar jamais fizera. Esse alguém dá-lhe um papel em que está escrito seu nome, Caspar Hauser, e ensina-lhe algumas palavras, entre elas a frase que deveria dizer à pessoa à qual seria encaminhado e que indicaria que ele, Caspar Hauser, gostaria de ser um cavaleiro tão ágil quanto havia sido seu pai. Esse libertador anônimo, provavelmente o mesmo que o havia mantido isolado ou que o havia alimentado no cativeiro, leva-o até uma cidade, Nuremberg, e ali o deixa numa praça enquanto todos ainda dormem. O romance de Wassermann e o filme de Herzog mostram como Caspar de início mal se relaciona com as pessoas, como aprende a comer outra coisa além de pão, como se torna atração circense, como aprende a tocar piano, como vive em seu mundo próprio e como morre um dia, assassinado, quando então fazem-lhe a autópsia e procuram em seu organismo, no fígado e no cérebro, as razões de seu comportamento. *Estranheza, integração* e *crise* são palavras que podem traduzir as sensações que acometiam os que leram o romance ou, mais possivelmente, como foi meu caso, os que primeiro viram o filme de Herzog, na década de 1970. São palavras tão expressivas quanto o título alternativo de Wassermann, *Inércia do coração*. Caspar Hauser é de fato (*é* porque continua vivendo no presente eterno da literatura e da cinematografia) um apático do coração, no sentido da ausência de um sentimento de apego ou aproximação maior pelos que o cercam e ajudam ou de ausência de aversão e repulsa pelos que o cercam e importunam, assim como não mostra inclinação maior pelos objetos (talvez apenas os animais lhe digam alguma coisa, como os pássaros).[3] E apatia do coração certamente é o que têm os que o cercam — preceptores, protetores, padres, policiais —, incapazes de entendê-lo, de comunicar-se com ele e de explicá-lo, apesar de todo o racionalismo em que se apoiam (estamos na primeira metade do século XIX). Ou talvez por isso mesmo. Estranheza do mundo em Caspar Hauser, estranheza do mundo diante de Caspar Hauser, desejo de integrar Caspar Hauser ao mundo (talvez maior que o de Caspar Hauser integrar-se ao mundo) e crise — crise de Caspar Hauser (a certa altura ele diz, para espanto e horror geral, que tinha sido mais feliz no cativeiro) e crise do mundo diante de Caspar Hauser.

Mas W.G. Sebald escreveu seu ensaio sobre a história de Caspar Hauser mais como ele aparece na peça teatral de Peter Handke do que no filme de Herzog ou no romance de Wassermann e foi lendo esse seu curto ensaio que a metáfora sobre a educação (e a cultura) tomou conta de meu imaginário. Não terá sido essa a metáfora que interessou a Sebald, nem a que tocou Herzog. Não importa: grandes obras provocam diferentes metáforas e nem todas elas se excluem, quando a obra que as suscita é de fato grande. Esta, que me acometeu, certamente não exclui as outras nela embutidas e que são igualmente claras — e delas se alimenta e com elas se reforça.

Quando Caspar Hauser aparece no mundo, ele é a "encarnação do espanto", diz Peter Handke. Foi colocado numa realidade da qual não tem nenhuma ideia, nenhum conceito. Ele não sabe nada do mundo e das pessoas, não sabe nada de si mesmo, de suas emoções e de suas possibilidades. Sua mente é uma página em branco. O recurso poético do escritor Wassermann, preservado por Handke e Herzog, nada diz em sua narrativa sobre os primeiros anos iniciais do aprendizado "natural" de todo ser humano, esse aprendizado das coisas imediatas como andar, falar, comer: Caspar Hauser aparece já crescido, jogado no mundo. E a história de Caspar Hauser será, não uma história individual contada de seu ponto de vista (que ele não tem) mas a de uma tentativa de adestramento de um ser humano incivilizado.

[3] A relação entre o homem e o animal, lembra Milan Kundera, é o pano de fundo perene da existência humana, um espelho — por vezes um espelho assustador — que não o abandonara. A menos que o homem insista em abandoná-lo, como parece estar querendo fazer, reafirmando a tendência suicida da humanidade.

Nada se sabe de sua existência anterior porque ele não domina a linguagem e não sabe expressar ideias. É um ser a-histórico. Está vestido como um camponês austríaco, um caipira, quando aparece na cidade mas isso é tudo que ele mesmo revela em si e por si — e logo fica evidente que a escolha daquelas roupas não foi dele, como depois não o será a escolha das roupas burguesas que lhe dão. Alguém haverá, sugere Sebald, que invejará essa sua condição de ter conhecido, por um tempo, aquilo que se supõe ser uma felicidade paradisíaca. O que é certo é que é tirado de sua situação inicial, de sua inércia (mas essa inércia, sobretudo essa inércia de seu coração, de seus sentimentos, nunca desaparecerá), e nesse instante a harmonia que ele pode ter um dia experimentado no cativeiro quebra-se. Nesse instante deixam de ter razão de ser os recursos de que dispunha para "relacionar-se" com o mundo e que de algum modo funcionavam (Caspar Hauser não deu sinais de alguma especial infelicidade enquanto estava em seu primeiro ambiente isolado, em sua *existência estática*, como a descreve Sebald e que é outro sinal dessa apatia do coração). Alguma coisa nova deveria ocupar sua existência e Caspar aparentemente *não tem outra alternativa* a não ser *aprender*. Desenvolver-se, como se diz. As teorias otimistas do século XVIII prediziam que Caspar, como qualquer outro ser humano, poderia ser educado e educar-se a si mesmo, por emulação e por reflexão, e tornar-se um *ser humano liberado*.

Não é o que acontece, porém. A peça de Handke lança mão de um recurso dramático particularmente significativo. Uma de suas forças dramáticas é o *ponto*, aquela pessoa que ficava oculta numa encenação, no proscênio, e cuja função era "soprar", lembrar aos atores as falas que eventualmente esquecessem. Hoje, com a televisão, os *pontos* continuam a existir ou voltaram à vida. Agora chamam-se *prompters*, mesmo em português (porque assim se diz em inglês), e veem na forma de um texto que desliza numa tela colocada na parte da frente da câmera que focaliza o apresentador de um telejornal, por exemplo, e que é por ele visto e que lhe diz exatamente tudo que ele deve falar. Na verdade, o *prompter* é muito mais que o ponto: o ponto entrava em cena, por assim dizer, apenas quando o ator esquecia alguma coisa. Agora, o *prompter* está ali para *não deixar* que ele diga outra coisa além daquilo que foi preestabelecido. O apresentador do telejornal nada mais faz além de emprestar um rosto e uma voz àquilo que alguém escreveu antes dele. Muitos políticos usam o mesmo recurso quando discursam. Pois, na peça de Handke os *pontos* têm uma função de dizer a Caspar Hauser o que ele tem de dizer. E pensar. E sentir. Seu primeiro *ponto* foi aquela mesma pessoa que lhe levava pão e água à noite e que um dia o "liberta", ensinando-o a andar e levando-o para a cidade. É esse primeiro *ponto* que lhe passa o nome que ele deveria reconhecer como seu, "Caspar Hauser", escrito num pedaço de papel que se torna assim sua certidão de nascimento. Dar nome a alguém é, na teoria da linguagem, uma interpelação. Um infante não tem conceito nenhum para decifrar o mundo e reagir sobre ele, e portanto um nome lhe é designado pelos pais, assim como a figura anônima indicou a Caspar Hauser como deveria se chamar. Melhor: assim como a figura anônima indicou ao mundo como deveria chamar aquela pessoa, Caspar Hauser. A interpelação faz do interpelado, desde logo, o objeto de uma ação, não um sujeito. (E esse objeto, na melhor das hipóteses, passará depois toda a vida tentando fazer de si mesmo sujeito — quando tenta.)

É um outro *ponto* (mas um ponto é uma *função*, no caso de Caspar Hauser uma função social, independentemente de ser um homem ou uma mulher, um professor ou um sacerdote, um político ou um policial: é quem lhe dá as regras a seguir), é um outro ponto que diz a certa altura a Caspar Hauser, na peça: "Você está sendo aberto", quer dizer, estão abrindo uma fenda em você, uma fenda por onde coisas lhe serão despejadas. E a partir daí, Caspar Hauser está pronto para ser educado — ou é a partir dessa abertura que fazem nele, em sua alma, que ele começa a ser educado, é por ali que começa sua educação. Ele não tem mais alternativa. Algo nele se rompe, ou é rompido pelos outros. Ele se torna vulnerável e começa a aprender.

O que ocorre com Caspar, porém, é uma ilusão de liberação, para usar a expressão na origem das teorias educacionais ainda hoje em vigor. O que lhe dizem os diferentes *pontos* com os quais entra em contato, e cujas vozes o envolvem o tempo todo, constitui, na melhor das hipóteses, implica uma submissão irresistível à invasão de sua interioridade pelos outros, e, na pior delas, a humilhação crescente de um ser que, quanto mais se aproxima do padrão civilizado, pelo menos na aparência (Caspar aparece cada vez mais bem-vestido, de acordo com o padrão da época; come "em sociedade", demonstrando bons modos aceitáveis; toca alguma coisa ao piano), mais aproxima-se do estado geral de um animal acuado. A cena mais expressiva nesse sentido é aquela em que, no filme, um inglês rico e afetado que se apresenta como um possível interessado em ser o "protetor" de Caspar, leva seu *protégé* a uma recepção para "apresentá-lo à sociedade". Até então, Caspar convivera com policiais, aldeões, pequenos-burgueses. O aristocrata inglês, Stanhope, quer mostrá-lo à sociedade e, sobretudo, quer mostrar à sociedade como ele próprio está disposto a amparar o desamparado Caspar (um sinal daquilo que hoje seria chamado de "responsabilidade social" do protetor). Veste-o bem e o leva à recepção para apresentá-lo aos notáveis da região, ao prefeito e sua esposa, a toda a melhor sociedade. E gaba-se de Caspar, que no entanto, ao ser indagado pela esposa de um homem importante sobre como se sentia naquele seu novo mundo, responde, para espanto geral, que "no cativeiro estava melhor". Caspar ainda *guarda uma memória* de seu passado e de sua própria razão, nesse momento, apesar de tudo que já lhe ensinaram. Em seguida, naquela mesma noite, a pedido de seu futuro protetor, Caspar senta-se ao piano para mostrar como está bem-educado. Começa a tocar mas sente-se mal e pede ar. Deixam-no um pouco sozinho e quando regressam até ele, veem que se pusera a tricotar, como vira fazer uma mulher na casa que o abrigara e com a qual falara sobre o papel secundário das mulheres. O futuro protetor desaponta-se com o comportamento de seu quase *protégé*, que fazia coisas de mulher, e o entrega de volta àqueles que dele cuidavam como podiam: Caspar não se portara como esperado, não reconhecera as excelências do meio que o adotara, não soubera ser grato ao que haviam feito por ele, ao que lhe haviam ensinado. O aristocrata revela-se possuidor de uma cultura na qual Caspar não se encaixa — e no embate das duas culturas há uma relação patológica, como lembra Sebald.

Caspar dá-se conta de que, como as crianças, precisava aprender as palavras que designavam as coisas quando desejava alcançá-las por alguma razão, dentro de seu universo marcado por uma forte apatia da sensibilidade e da necessidade (pelo menos é como apatia que seu estado nos aparece, a nós que estamos nessa situação que descrevemos como normal). E ele revela-se faminto de informação (apetite que, lembra Sebald, Musil identificava com a cobiça, o desejo perverso de assim ter mais poder e que ele identifica como uma pulsão fundamental do capitalismo sem dar-se conta, talvez, de que não é uma pulsão fundamental apenas desse regime). Mas as palavras que Caspar usa com a finalidade de controlar ou tentar controlar as coisas e situações que se impõem a ele desde que saiu de seu estado natural revelam-se ameaças latentes contra as quais ele não tem meios de defesa. E não tem defesa porque ele já começa a considerar que essas palavras e vozes que lhe vêm de fora são "na verdade" palavras e vozes que provêm dele mesmo, ou, como diz Sebald, que provêm de uma parte dele mesmo que se tornou estranha a ele próprio no instante mesmo em que foi jogado no novo meio. As máximas sociais, as exortações que lhe são dirigidas pela variedade de *pontos* que o cercam — as autoridades locais, os protetores, os sacerdotes, quer dizer, seus educadores — começam a soar nele como se fossem parte integrante de seu próprio imaginário ou ilusões e por conseguinte ele as obedece. Ele não tem, por exemplo, a capacidade de um Groucho Marx para enfrentar essas palavras, negá-las, virá-las do avesso e assim expor em público a impropriedade de que se revestem, capacidade que, quando manifesta, mostra-se tão simples que surpreende que não seja exercitada mais frequentemente e por número maior de pessoas. Mas não: o treinamento que as pessoas recebem funciona bem no sentido de *não* estimular a capacidade de identificar que essas palavras e ideias vêm *de fora*, não têm sentido ou têm um sentido dúbio e poderiam ser recusadas, ridicularizadas...

E assim, a "impiedosa educação" de Caspar continua. Uma educação que obedece às leis da linguagem. E que corresponde, nas palavras de Peter Handke, a uma "tortura pelo discurso" que se traduz no fato de que as pessoas (os *pontos*) falam com Caspar e lhe dizem coisas até que ele perca todo traço de sua original "razão animal" que, em seu cativeiro (naquilo que é chamado de seu cativeiro), parecia-lhe ser uma sólida razão. Não é que coisas torturantes sejam feitas contra ele ou ditas a ele: é o próprio discurso em si mesmo que contém todo um aparato cruel. Com o discurso, um mundo de imagens e sentimentos é dividido em seus componentes cujo sistema grava fundo, a fogo, na mente ou no coração da pessoa, os significados que transmitem. Esses significados formam uma "máquina linguística" na qual é integrado aquilo que é agregado a uma pessoa. Sebald cita, em seu ensaio, Lars Gustafsson que elaborou uma imagem dessa "máquina gramatical" que nos faz pensar na "possibilidade de que nossas próprias vidas possam ser uma simulação, uma vida que num certo sentido se parece com a vida das próprias máquinas". Recorrendo a uma outra metáfora comum entre os que lidamos com arte, esse discurso assim operado mostra-se como uma "máquina solteira", expressão usada pela primeira vez por Marcel Duchamp para referir-se às imagens que ele depois usaria em seu *Grande vidro*. A expressão "máquinas solteiras" aplicava-se, para Duchamp, à parte inferior do *Vidro* que incluía, entre outras coisas, um moedor de chocolate (e a ideia do *moedor* é aqui importante) ao lado de vários uniformes pendurados, uniforme de sacerdote, de carteiro, de policial, de soldado, de chefe de estação e tantos outros, todos aqueles que Duchamp chamava de *os solteiros*. Aqui, é forte a analogia com o mundo descrito por Wassermann e encenado por Handke e Herzog. Os uniformes dessas funções sociais estão ali, no mundo onde Caspar entra e que nele penetra, prontos para serem ocupados e assim exercerem seu papel — sem prejuízo do fato de que já cumprem um papel por simplesmente estarem ali, de que já dizem alguma coisa, já sugerem alguma coisa como *pontos* que são por simplesmente estarem ali. E ali estão todos eles ao redor de Caspar, o uniforme do polícia, o uniforme do soldado, o uniforme do prefeito, o uniforme do protetor, o uniforme do padre, o uniforme da mulher. *La mariée mise à nu par ses célibataires, même* é o título do *Grande vidro* de Duchamp. A noiva despida por seus celibatários, mesmo. E Caspar é a grande noiva, pronta para ser despida pelos uniformes que o cercam. Esses uniformes nos surgem vazios, é verdade, para nós que vemos o *Vidro* ou o filme ou lemos o romance. Mas nós estamos de fora...

Não é só em Duchamp que ocorre pensar neste momento. Também a figura de Roland Barthes vem à tona quando, em sua *Aula* de ingresso no Collège de France, propôs que não é o homem que fala a língua mas a língua que fala o homem, isto é, a língua enquanto sistema de significados e regras cristalizados que se utiliza do homem para continuar a fazer valer suas proposições e valores, como autêntica máquina solteira que se serve das pessoas apenas para perpetuar-se. A proposta de Barthes foi a seu tempo escandalosa, num momento em que ainda vigoravam os positivismos de esquerda e direita e os idealismos pós-iluministas que ainda defendiam a autonomia do ser humano (embora alguns, como Foucault, estivessem já insistindo em que a noção de autor se encerrara; hoje estamos de novo fazendo força para acreditar que está ocorrendo a morte da morte do autor...).

É o próprio Sebald quem também descreve o ser humano como uma criatura feita de parafusos e molas que ostenta padrões feitos do "metal da comunicação" e quem descreve o discurso como um "aparato que escapou do controle e começa a ter uma sinistra vida própria". Sobre a pessoa "normal", a ação desse discurso não parece particularmente problemática. Para pessoas como Caspar — ou Groucho Marx —, porém, esse discurso choca. O espírito de Caspar entra em pane quando ouve que "o fósforo queima, a ferida queima; a língua lambe, as chamas lambem". Na sequência inicial de *Uma noite na ópera*, o personagem de Groucho está conversando num restaurante chique com uma milionária desejosa de brilhar socialmente. A certa altura, Groucho pergunta à mulher se o está entendendo, em inglês: *Are you following me?* A mulher responde que sim. "Então pare de me seguir ou mando a polícia prendê-la" (*Stop following me or I'll make the police arrest you*). Em português o jogo de palavras se perde, mas não tanto o sentido último: "Pare de me compreender ou mando a polícia prendê-la: se está me compreendendo, alguma coisa está errada...". Em Groucho, a observação soa cômica, talvez porque nos acostumamos a considerá-lo um palhaço. Em Caspar, as palavras soam trágicas. A tragédia, no entanto, está em Groucho também. Tanto que ele sempre, em seguida a suas "tiradas" linguísticas, olha sério para a câmera, como a chamar fortemente a atenção do espectador para a relevância do que disse e para o significado de um discurso morto que as pessoas fingem entender.

É desse modo, com a máquina solteira do discurso, uma forma elíptica de tortura, que a socialização de Caspar continua. Ele faz progressos: veste-se convenientemente, está limpo, tem bons sentimentos com os animais. Mas começa a entrar em *crise*. Alguma consciência de seu eu *anterior* emerge: quando lhe perguntam como era seu cativeiro, na recepção a que o leva o aristocrata inglês Stanhope, Caspar responde que era mais feliz *naquele outro tempo passado*, para extrema decepção do culto inglês viajado que em seguida se põe a relatar aos presentes como foi sua viagem à Grécia, que ele chama de Hellas, e o que ele ali sentiu. Caspar está em crise e, na peça de Handke, os *pontos* precisam intervir e lhe dizem: "Você tem à disposição sentenças-padrão com as quais pode ir adiante na vida". E insistem: "Você pode aprender e tornar-se alguém útil". E nunca essa interpelação, que é uma advertência, soou tão terrível quanto agora. *Tornar-se útil* mediante a incorporação de ideias-padrão. Nesse momento, como observa Sebald, Caspar se tornou sua própria matriz, está pronto para outras ilimitadas reproduções. Reproduções do quê? Do sistema corporificado pela máquina solteira do discurso, com todos seus valores e recursos.

Aos poucos, Caspar torna-se, como sugere Sebald, clone de sua própria pessoa reformada. E se ele sentiu-se incomodado com as falas que tinha de dizer, com as falas que esperavam que dissesse, o fato é que esse mesmo discurso foi aos poucos fazendo que se acostumasse às identidades a ele propostas. *Acostumar-se às identidades preexistentes*: terrível operação, terrível sentimento, terrível alienação.

O treinamento de Caspar, no entanto — e a palavra é bem treinamento, não a outra que estamos acostumados a pronunciar — não é de todo bem-sucedido. Ele ainda *se lembra*. Ele *ainda se recorda* de sua origem, de seu princípio. Pior, ele se recorda de sua doutrinação. No filme de Herzog, mais elíptico do que o romance e a peça, como costuma acontecer com os filmes, essa recordação de um passado, de um *antes* aparece silenciosamente na forma de um comportamento recorrente de Caspar: depois de alguma experiência mais significativa, ou mais traumática, ele sempre acaba buscando refúgio em algum pequeno aposento, algum espaço fechado que de algum modo lhe recorda seu cativeiro inicial. É assim quando ele escapa, com outras aberrações ou *enigmas* como os chama o apresentador do circo estacionado ao lado da cidade e onde se podem ver um camelo que anda de joelhos; um macaco que cavalga; um "*hombrecito*", isto é, um sul-americano que sempre fica tocando sua flauta "porque se não o fizer toda a população da aldeia pode morrer"; um "jovem Mozart" que busca refúgio na contemplação de um buraco; um "rei" anão que seria, nas palavras do apresentador, o elo mais recente de uma dinastia de reis gigantes que a cada geração ficavam cada vez menores e que acabariam por tornar-se pulgas saltitantes. E, claro, do circo de enigmas (de onde sai provavelmente o redutor título do filme em inglês e em português) faz parte o próprio Caspar, a tanto compelido pela municipalidade preocupada com os custos de sua manutenção antes que uma alma caridosa da cidade resolva acolhê-lo em sua casa. Logo após essa sua apresentação no circo, o *hombrecito*, "Mozart" e o próprio Caspar escapam. Os dois primeiros são logo localizados mas Caspar oculta-se no canto escuro de um barracão, assim como procurará fazer em outras ocasiões. Oculta-se, para ficar sozinho e comer um ovo, na "casinha", isto é, na latrina que ficava fora da casa que o abriga; refugia-se num porão depois de ser incompreensivelmente atacado a pauladas por aquele mesmo homem, mostra o filme, que o havia mantido prisioneiro e que um dia o havia libertado. Ferido, como fazem os cães, Caspar procura esconder-se — talvez para que não lhe batam mais, talvez porque a dor, a doença e a morte sejam, como nos cães, sempre motivo de alguma vergonha, algo que tem de ser experimentado na solidão. O treinamento a que havia sido submetido Caspar não lhe apagara da cabeça as imagens de suas origens, aquele cativeiro no qual, como diz na festa do grande salão burguês para onde é levado por seu ex-quase protetor inglês, ele havia sido mais feliz. Ele ainda podia recordar-se de seu começo, ainda podia voltar a um instante anterior a tudo aquilo que havia aprendido. Um enigma, de fato: como pode alguém desaprender, como pode alguém realizar essa façanha máxima entre todas as façanhas que é voltar atrás nas coisas que aprendeu, que se acostumou a aprender, voltar atrás nas coisas que se tornaram seu eu? Não necessariamente voltar a ser o que havia sido mas, minimamente, pelo menos recordar-se *profundamente* de *como* havia sido, recordar-se o *que* um dia havia sido? Uma façanha e um enigma, de fato: como conseguir isso?[4]

---

[4] O campo da memória é um terreno privilegiado da luta cultural; o que está frequentemente em jogo na cultura é a memória. Aqueles que cercam Caspar Hauser espantam-se sempre com o que ele diz sobre seu passado e com as "boas memórias" que esse passado lhe deixou e que parece algo não apenas inverossímil aos que o cercam — o ex-futuro protetor inglês, um exibicionista da "responsabilidade social", como também aquele homem bem-intencionado em cuja casa Caspar é acolhido — mas inclusive incompreensível e inaceitável. O campo da memória é tão mais vital quanto, como sugeriu Nietzsche, é no instante de sua gênese que se revela a essência de um fenômeno, uma essência que, em certos casos, não se alterará jamais.

E se isso ocorre, isso talvez assuma a forma daquilo que David Cooper, em *Psiquiatria e antipsiquiatria*, lembra Sebald, chamou de "metáforas da paranoia [...], um protesto poético contra a invasão pelos outros". Esse protesto e essa metáfora comportamental — refugiar-se num simulacro da própria origem — acontece, diz Handke, quando *a maior urgência de comunicar-se manifesta-se ao lado da e com a ausência mais radical da fala*. É quando mais preciso falar com o outro que nada consigo dizer-lhe. Handke observa que essa metáfora, esse simbolismo não consegue expressar a completude de uma existência mas, apenas, uma defunta abreviação dessa mesma existência. No filme, de resto, Caspar morre: sofre um segundo atentado, cometido talvez pela mesma pessoa e que dessa vez o leva à morte. Os médicos da cidade dissecam seu corpo, em particular seu cérebro, em busca de algo que explicasse seu... enigma. Eram tempos científicos. Naturalmente, entendiam que a causa da excepcionalidade de Caspar estava dentro dele, não fora dele: era produzida por ele mesmo, ele mesmo era sua causa e sua consequência, não alguma coisa no mundo à sua volta. O racionalismo científico da época buscava causas internas e externas para os fenômenos. Só não vasculhava a si mesmo.

Os motivos pelos quais a história de Caspar Hauser surge como uma metáfora do processo educacional são claros. Os aspectos pelos quais o processo de socialização pode ser tomado como uma autêntica invasão do eu pelos outros ficam evidentes. Uma vida até então estática, sem nenhum sentido da história e sem consciência da própria história, encontra-se num estado de ausência de conflito e de dor em que uma felicidade ou tranquilidade apenas perceptível (como é possível ver no início do filme) persiste sem quebra de continuidade até o instante em que é jogada no centro da realidade histórica. (E nesse exato instante, no filme, ele é visto de costas pela câmera, olhando para o mundo à sua frente como os personagens das melhores pinturas de Caspar David Friedrich.) Essa passagem para um ambiente novo, em tudo análoga à expulsão do Paraíso terrestre e à saída do útero, significa uma quebra da harmonia original e a substituição de uma "razão primeira", que se pode chamar de natural, sólida porque inquestionada, pela lógica dos outros, pela lógica cultural.

Caspar Hauser é uma metáfora e, alguém dirá, um caso extremo. Na média dos casos da educação, a situação não é essa, argumentarão os que veem nesse quadro uma história exagerada. Aquela passagem de um mundo a outro não é assim tão abrupta e dramática, nem as pessoas são colocadas em circos ou expostas à curiosidade pública (não são mesmo?). Sobretudo, na média dos casos normais não se está numa situação de "inércia do coração". As pessoas, os objetos desse treinamento, fora desse romance, desse filme e dessa peça, desenvolvem relações de real afeição pelas pessoas e pelas coisas a seu redor e são por sua vez objeto de análogo sentimento. Elas não se sentem estranhas, são integradas ao meio, ao grupo, e as crises que podem sobrevir não implicam o retorno à primitiva condição de a-historicidade (de retirar-se do mundo, de refugiar-se — salvo quando sobrevém a depressão). Nem as pessoas são, nesse processo, assassinadas por serem o que são. Mais importante ainda, diz-se, tudo é feito *em nome delas* e *em favor delas, buscando o bem delas*. Além do que as pessoas *precisam* aprender a se tornarem úteis, não é mesmo?

Os sinais que emanam do ambiente da educação tornam-se hoje confusos e contraditórios. Como observa um pertinente artigo publicado no diário espanhol *El País*,[5] os jovens de hoje cresceram num ambiente mais amável e livre do que seus pais e do que Caspar Hauser. Pais e professores têm problemas para exercer a autoridade mas castigos não são mais impostos, ao contrário do que ocorre com Caspar que, logo no início do filme, leva bastonadas sem saber por quê. E como este, outros detalhes mudaram. Apesar da liberdade e da compreensão, se não do carinho, os alunos são menos obedientes e em certos temas, graças às novas tecnologias, e ao contrário de Caspar Hauser, estão mais informados que seus professores que, vindos do século XX, tentam ensinar jovens e crianças do século XXI com ideias do século XIX. Alguns dizem que é preciso retornar ao ensino autoritário e conservador, outros observam que os de hoje (junto com seus professores) são os adolescentes mais desorientados da história, flutuando à deriva do consumismo e da Internet.

É inescapável imaginar que a questão central seja uma avassaladora "inércia do coração", por mais que essa expressão soe arcaica. Se o subtítulo do romance de Wassermann parece excessivo, mais apropriada deve ser a descrição que sugere o filme de Herzog em seu título original: esta é sem dúvida uma situação onde está cada um por si e Deus contra todos. Olhando por todos os lados, dificilmente se encontra a vida "em toda a completude individual de sua existência" e o mais comum é deparar, o tempo todo, com "uma defunta abreviação" dela.

No seu breve ensaio, Sebald termina, de modo consideravelmente abrupto — talvez porque não haja outro modo de introduzir esse ponto, que não pode ser demonstrado por argumentações solidamente arquitetadas — dizendo que *existe um modo de transcender* esse dilema entre a existência completa e seu habitual resumo sem vida. Esse modo,

[5] "La era del profesor desorientado", por J.A. Aunión, 18 jul. 2009.

sugere ele, um escritor, é o da literatura, que pode manter a fé numa vida mais completa ou numa vida que não precisa se refugiar em cantos escuros ainda que esses cantos sejam hoje aqueles cheios de luz da Internet, numa vida que não seja morta ou opaca. E que a literatura pode fazê-lo por meio de uma linguagem que seja o oposto da linguagem torturadora, da linguagem do discurso torturador com o qual se dá a invasão pelos outros. Essa *outra* linguagem é a linguagem associal, a linguagem *banida* da literatura, uma linguagem que aprende a usar, como meio de comunicação, as "imagens opacas da rebelião sufocada". Imagens opacas são todas aquelas que povoam a mente e o coração de Caspar Hauser, que não entende por que tudo lhe é tão difícil e que não dispõe, no início do século XIX, de nenhum meio de apaziguamento eletrônico, visual ou sonoro, como os i-Pods enfiados nos ouvidos, dessa inquietação e dessa rebelião sufocada que ele só consegue amenizar quando se refugia nos cantos escuros que fizeram parte de sua origem. As imagens opacas de Caspar, na peça de Handke, são por exemplo as imagens de uma vela que nunca havia visto (e em cuja chama queima os dedos), de sanguessugas e mosquitos, de pedaços de gelo, de cavalos e galinhas, que o assustam, de um bebê que segura nos braços e o faz chorar, da sensação de não ser apreciado, da música que o "atinge forte em seu peito" e que ele no entanto não sabe tocar nem entender, de bastonadas em seus braços, dos golpes que recebe na cabeça um dia e que quase o matam, da facada no peito que termina com sua vida. As imagens opacas de hoje, neste mundo real, serão muitas, inúmeras em sua variedade. A maioria das imagens é opaca, hoje. Parecem transparentes e são em tudo opacas. Aquelas imagens opacas de Caspar o conduzem a uma rebelião sufocada que o leva a um estado de absoluta falta de palavras quando mais precisa se comunicar. Sebald sugere que a literatura pode transcender esse mundo de imagens opacas se recorrer à linguagem banida, à linguagem associal, à linguagem marginal, à linguagem que se questiona (como o faz Groucho) e com ela construir um modo de comunicação. Ele não diz como. Não pode dizê-lo, é difícil dizê-lo. Mas deixa claro um princípio: só é possível fazê-lo quando se consegue evitar, nas palavras que venho empregando há algum tempo, a domesticação da cultura, esse vasto processo de subordinação da cultura (e da arte) a objetivos imediatos e utilitaristas, objetivos úteis e de bom-senso, que se fortaleceu na década de 1990 com as políticas públicas norteadas pela busca do desenvolvimento, da paz e do equilíbrio por todos os meios possíveis, inclusive pelos meios de uma cultura amansada e que amanse e que, equivocadamente, se acredita que possa ser uma "aliada social". Sebald, pelo contrário, vem lembrar o recurso que se pode fazer de uma cultura que é o exato oposto dessa, a cultura banida, a cultura associal, se for o caso.

Sebald era escritor, era lógico que falasse da literatura e que, como Milan Kundera e tantos outros, visse no romance um modo maior da cultura ocidental. Mas o mesmo uso se poderia fazer do cinema, sobretudo do cinema e das artes visuais, isto é, do mesmo modo se poderia dizer que o cinema e as artes visuais e a música, cada qual com suas possibilidades e dificuldades, podem ser um modo de transcender o dilema entre a plenitude da existência e sua defunta abreviação de todos os dias, entre as imagens opacas e os modos de comunicação.

Como fazê-lo, porém, é o problema. A política educacional e a política cultural — quando esta alcança seus pontos mais elevados, o que não é usual — vão por caminhos opostos, diametralmente opostos. A melhor política cultural tem por princípio o entendimento de que a única forma de ação cultural digna é aquela que cria as condições para que as pessoas inventem seus próprios fins. Seus fins *culturais*, seria necessário acrescentar — o que abre toda uma outra discussão, sem dúvida. Esse é o ideal. Abaixo dele, muita coisa cabe, porém. A política educacional, no entanto, de seu lado, propõe desde logo fins específicos e previamente determinados a serem alcançados. No campo da literatura, por exemplo, para os alunos que pretendiam ingressar na universidade no Brasil havia não muito tempo, e talvez ainda hoje, fixava-se uma lista de livros que deveriam ser obrigatoriamente lidos se é que os jovens queriam ter alguma chance no exame de entrada. Só um acaso fazia que a leitura desses livros, autênticos *pontos* e *prompters*, lhes oferecesse *imagens não opacas*, só em algumas ocasiões abriam-se as alternativas para que esses jovens, com essas leituras instrumentalizadoras, escapassem ao acomodamento nas identidades preestabelecidas, aquelas mesmas às quais Caspar Hauser sentia enorme dificuldade de sujeitar-se. Com o cinema esse problema de limitação excessiva e arbitrária do cânone não ocorre tanto porque o cinema simplesmente não faz parte do *corpus* que se considera indispensável conhecer para que alguém se torne "um cidadão útil" ou tenha uma existência completa, mais cheia. É como se o sistema educacional, percebendo-se desbordado pela avalanche de informação que chega por todos os lados, tentasse ainda refugiar-se no território daquilo que um dia foi possível fazer caber dentro dos limites mais facilmente descritíveis e contidos, como os da literatura. A literatura era mais controlável. Mas, hoje, também ela se multiplica. O gosto, as preferências do homem contemporâneo, como observa com razão Milan Kundera,[6] se fazem ao acaso dos encontros e desencontros individuais, e aqueles de uma pessoa não são os de outra. Se há vinte anos ao longo de um mês, um semestre ou um ano um grupo relativamente homogêneo de pessoas (aquilo que constitui um *público*) podia ver mais ou menos os mesmos filmes e ler os mesmos livros e conversar sobre eles, hoje esse mesmo grupo estará vendo filmes provavelmente os mais disparatados (se os estiver vendo) nas salas públicas de projeção, na sua televisão ou na sua internet e poucas oportunidades terá de conversar a respeito de algo que possa ter se apresentado como uma *experiência comum*. A construção do gosto comum se perdeu, está sendo substituída por outra coisa. A cultura comum é uma miragem. Os meios de comunicação se multiplicam e as possibilidades de comunicação se estreitam. Os paradigmas da cultura se abrem, os da educação se restringem. O choque é inevitável — na forma da indisciplina na sala de aula, da violência, da rejeição do que é proposto ou imposto.

A apatia do coração, no entanto, precisa ser vencida. Crer, como Sebald, que a literatura — ou o cinema, ou as artes — pode ajudar a rompê-la é importante. Não é mais preciso armar uma argumentação longa demais em defesa desse recurso. A questão agora é encontrar os meios para que a política educacional siga os rumos da política cultural na direção de transformar-se em um meio de comunicação. A ação e os propósitos das políticas educacionais e das políticas culturais, no entanto, estão (ainda) em rota de colisão. E são os propósitos e ações das políticas educacionais que mais chance têm de se impor aos das políticas culturais, não o contrário. A política dos *pontos*, que consiste em espalhar pela cena social aqueles atores encarregados de lembrar aos outros o que têm de dizer em todas as situações, continua afirmando-se mesmo em tempos relativamente livres de governos ditatoriais ou autoritários. Não está dito em parte nenhuma como se pode superar essa situação, embora a riqueza dos novos meios de informação e comunicação abra, por si só, uma extraordinária via ao mesmo tempo desimpedida e lotada de detritos. O próprio Sebald termina seu ensaio sobre *a estranheza, a integração e a crise* com o reconhecimento de que mesmo a literatura só pode transcender esse dilema caso mantenha a fé nos discursos alternativos, na cultura não domesticada, e aprenda a operar com as imagens opacas de modo a propô-las como meio de comunicação. É um projeto para a vida toda, a demandar todo o empenho possível, toda a inventidade cabível. É uma aposta na ideia de que uma política cultural

[6] *Une rencontre*. Paris: Gallimard, 2009.

livre de *pontos* pode, não apenas complementar a política educacional, como, em certas circunstâncias e para certos efeitos, substituí-la. E talvez, nessa aposta, a própria política cultural, hoje domesticada, encontre os meios para refundar-se. É uma tarefa de peso. A política educacional que daí sair será talvez aquela que forneça uma prática do século XXI feita para jovens do século XXI. Uma prática que impeça que, ao final, esses jovens sejam *retirados* do circuito da existência, literal ou simbolicamente, assim como Caspar Hauser foi impiedosa e talvez previsivelmente eliminado da cena em que o jogaram. Um final feliz para o caso Caspar Hauser, um final *moderno* para esse caso, seria um final oitocentista no qual ele sairia de sua longa experiência pedagógica como um homem novo e livre. Esse final não parece compatível com os atuais tempos pós-modernos. Hoje, quando a civilização parece ter dado já o melhor de si mesma, como sugere Michel Maffesoli,[7] ela sente a necessidade de voltar a suas origens e voltar a ser cultura — e cultura é uma longa conversa. É do que sente falta a política da educação — e, não raro, a política cultural: voltar a ser cultura, voltar a ser conversa. No caso, culturalizar a educação. Isso talvez se faça menos por uma política cultural substancialista — que se preocupa com conteúdos e que busca distinguir entre os bons conteúdos e os conteúdos impróprios, algo nada desprezível, como faz o próprio Sebald — e mais por uma perspectiva mais própria ao século, uma perspectiva que veja a cultura como uma troca permanente, uma *performance* cuja verdade esteja nessa *relação de troca* tanto quanto ou mais do que no *conteúdo* de alguma obra em torno da qual se faça a troca. Era essa a perspectiva interacionista de Edward Sapir para quem a "verdadeira cultura está nas interações individuais". Era essa também a perspectiva da cultura como performance de tipo *orquestral*, na linha de Gregory Bateson e sua "escola de Palo Alto", para a qual os atores sociais se juntam para uma interpretação particular de um tema que poderá ser menos ou mais análoga a outra interpretação do mesmo tema já feita anteriormente. São ambos caminhos largamente ignorados em sua época, e ainda hoje. Embora uma partitura, um guia, um roteiro possa preexistir a esse processo, o resultado (a que se dá o nome de obra de cultura) só virá a existir graças à interação performática dos participantes do conjunto. Cada contexto de execução, de performance, tem suas regras e convenções, depende de expectativas e capacidades distintas e promoverá um resultado próprio. A cultura mostra-se, nesse quadro, um fenômeno instável e que se materializa fenomenologicamente a cada execução. Um fenômeno instável só pode ser abordado por uma

[7] *Apocalypse*. Paris: CNRS, 2009.

visada maleável. Relativizar a importância dos conteúdos, apostar na interação que se constrói topicamente a cada instante: o projeto é de difícil preparação e difícil execução. Mas os outros já foram tentados, com escasso grau de sucesso. Com a performance, a invasão pelos outros pode ser substituída por uma *troca entre nós*. A história de Caspar Hauser termina mal porque é essencialmente substancialista, baseada em conteúdos.[8] Não se tentou com Caspar Hauser uma verdadeira performance, uma troca. As artes descobriram desde os anos 1960 uma alternativa, que veio à tona com esta palavra: performance. Sem ela, a educação — e a própria cultura — pode repetir-se como tragédia sempre adiada e no entanto sempre reiterada. Com ela, talvez se possa evitar o cada um por si e Deus contra todos. Um especialista brasileiro em educação, Moacir Gadotti, observou há um bom tempo que tentar reduzir a educação a um só caminho para todos não é apenas perigoso como perverso. A cultura como performance pode contornar esse obstáculo. O filme francês *Ser e ter*, de 2002, dirigido por Nicholas Philibert, sobre uma pequena escola do interior rural da França na qual crianças de diferentes idades e graus de escolaridade estudam juntas, mostra com forte toque poético a performance da cultura em ação por meio de um professor sensível. Ela só é possível nessa faixa etária? E já está desaparecendo para sempre, como sugere o filme?

agosto de 2009

---

[8] Já que estamos falando de filmes, a película *A onda (Die Welle)*, de 2008, dirigida por Dennis Gansel, mostra uma performance em ação — no entanto totalmente orientada por uma proposta substancialista que emana de uma só direção, do professor para os alunos. E o resultado é um desastre.

RELIGAÇÃO DOS SABERES E EDUCAÇÃO DO FUTURO

Edgard de Assis Carvalho

Natureza e cultura não constituem dualidades excludentes. São simultaneamente opostas e complementares. Como primatas humanos somos, simultaneamente, naturais porque inscritos numa complexa ordem biológica; culturais porque capazes de produzir, acumular e comunicar estratégias de sobrevivência e adaptação. Somos, portanto, 100% natureza e 100% cultura: seres vivos uniduais, carregamos conosco uma trajetória filogenética e ontogenética milenares e, igualmente, um vasto acervo cultural constituído pela memória coletiva de espécie.

Treinados pela educação familiar e escolar a afastar delírios, sonhos e loucuras da imaginação e recalcá-los na psique, temos que reaprender a conviver e dialogar com esses lados obscuros de nós mesmos, escutá-los com atenção redobrada, introjetar em nossas mentes que somos, ao mesmo tempo, sábios e loucos, unos e múltiplos, duplos, triplos, quádruplos, e que é exatamente esse componente dialógico, instável e incerto, que viabilizará, sem excessos e ressentimentos, processos civilizatórios solidários e procedimentos educativos religados. Nossa condição de *sapiens sapiens demens* nos permite viver, sobreviver, afrontar e, talvez, superar a insignificância dos mal-estares pós-modernos, comandados pela unidimensionalidade da tecnociência, pela compulsão da conectividade, pela desrazão da política, pela insuficiência dos afetos.

O conceito de cultura precisa ser redefinido no âmbito da sociedade do conhecimento que bate à nossa porta. Identificado como propriedade da Antropologia, suas múltiplas acepções acabaram por torná-lo ambíguo, indeterminado, inconsistente. Primeiramente pensava-se que a civilização ocidental era o ápice da evolução cultural. O restante do mundo era colocado nas sombras, classificado como primitivo, bárbaro, sem estado, sem poder. Em anos posteriores, a cultura passa a ser identificada como regra, padrão, ordem, regularidade. Ao lado da reificação da diversidade, o relativismo foi consequência direta dessa postura hiperfuncional. Na sequência, a cultura passa a ser entendida como sinônimo de superestrutura desvinculada da produção e da reprodução sociais. Esse foi o pano de fundo para a consagração das dualidades entre cultura erudita e cultura popular, cultura de massa e cultura das elites, cultura material e cultura imaterial e assim por diante.

Edgar Morin considera a cultura como conceito-armadilha. Patrimônio da humanidade, é a forma pela qual um problema global é vivido localmente. Envolve uma totalização de processos, estágios, fases, categorias, níveis e contradições, e essa totalização nunca se efetiva pela mera soma das partes. Por isso, quando se olha um sistema cultural identificam-se saberes, padrões de modelização, códigos, modalidades de existência. É a articulação desses quatro vetores baseados na relação homem-sociedade-espécie que dá o tom da dinâmica cultural de qualquer sociedade. Mesmo assim, a cultura é portadora de uma zona obscura antropocósmica, uma espécie de buraco negro que nunca será plenamente desvendado. É nessa zona que as reservas imemoriais dos saberes humanos, cuja filogênese remonta há presumíveis 120 ou 130 mil anos, encontram-se depositadas. É memória, é patrimônio, é complexidade.

Em tempos líquidos de hoje, precisamos de um novo sujeito do conhecimento que reconheça o papel das tecnologias do infinitesimal, mas admita a força propulsora e antecipatória das múltiplas criações do imaginário. Se fosse possível traduzir esse metaponto de vista numa planilha de valores universais, poderíamos assumir a conservação no lugar da destruição, a cooperação no lugar da competição, a partilha no lugar da concentração, a inclusão no lugar da exclusão, a solidariedade no lugar da xenofobia, a sustentabilidade ecológica no lugar do desenvolvimento tecnológico predatório, a paz no lugar da guerra.

Ao promover os quatro pilares da educação para o século XXI em torno de quatro formas de aprendizagem — conhecer, fazer, viver junto e ser —, a Unesco estava imbuída da ideia de que a humanidade, a Terra-Pátria, não pode ser concebida como um meio escuso de obter lucros e vantagens, mas como um fim a ser construído por todos e para todos. Trata-se de um processo complexo, a ser exercitado não apenas nas escolas, mas na vida em geral. Um amplo programa coparticipativo, restaurador do homem genérico saturado de emoções, valores, utopias, empenhado na construção de um contrato planetário natural e sociocultural, no qual animais e homens, natureza e cultura, real e imaginário não se separem nunca mais.

Cabe lembrar que em relatório de 2007, intitulado "Na direção das sociedades do conhecimento", a Unesco estabeleceu uma importante distinção entre sociedades de informação baseadas em progressos tecnológicos e sociedades do conhecimento que valorizam dimensões sociais, éticas e políticas. As formas da governança são importantes, mas o Estado não pode ser o único balizador das políticas educacionais em curto, médio e longo prazos.

Acredito que a hegemonia da fragmentação que rege o dispositivo educacional impede que ações movidas por esses pressupostos sejam postas em prática. Empenhada em transmitir conteúdos e formatar profissionais para um mercado rarefeito de trabalho, a escola, seja ela do ensino Fundamental, Médio ou Superior, não leva em conta o fato de que a refundação do sujeito responsável, exigida pela sociedade do conhecimento, requer como ponto de partida a religação e circulação dos saberes, cabeças bem-feitas sempre aptas a contextualizar e não cabeças-feitas fissuradas pelos contornos da hiperespecialização.

Em qualquer nível em que se exerça, a educação deve se empenhar em concentrar esforços cognitivos sintonizados na construção de saberes universalistas que não neguem as diversidades, na formação de pensadores indisciplinados, capazes de enfrentar os desafios do conhecimento, na criação de novas formas de entendimento do mundo a serem viabilizadas e planejadas para a incerteza dos tempos futuros.

A dupla função da educação consiste em acoplar necessidades básicas de formações e competências, com atitudes metaprofissionais sintonizadas com a natureza, a cultura, o cosmo. Se, em sua quase totalidade, as formas da gestão educacional favorecem a replicação de um modelo pedagógico fechado e endogâmico, qualquer esforço de reforma pressupõe a transdisciplinaridade como horizonte necessário e a transversalidade de métodos, conceitos e teorias como foco primordial.

As inquietações expostas por Karl Marx em sua terceira tese sobre Feuerbach são de uma atualidade sem precedentes. Se concordarmos com a assertiva marxiana de que qualquer teoria da mudança das circunstâncias sócio-históricas e da educação exige a educação dos educadores, é preciso agir rápido antes que seja tarde demais. Como fazer isso? Fomentando a identidade entre ciências e artes, ciências e tradições, razão e sensibilidades, artes e espiritualidades, cultura científica e cultura das humanidades. Esse deve ser o protocolo intencional mínimo de qualquer governo, partido, das instituições de ensino e pesquisa e, claro, da sociedade civil em seu conjunto.

Cultura e arte, cultura e imaginação, cultura e democracia são entrelaçamentos a serem postos em prática aqui e agora. Toda vez que instauradores de discursividades utilizaram-se das expressões metafóricas das artes para ampliar o caráter metonímico da ciência, os saberes culturais se enriqueceram, a educação viu-se gratificada. Vejamos quatro momentos escolhidos ao acaso na vasta história dos saberes em que isso ocorreu.

Humberto Maturana e Francisco Varela abrem o livro *A árvore do conhecimento* com o *Cristo coroado de espinhos*, de Hieronymus Bosch (1450-1516). Para os autores, o quadro expressa os perigos das tentações da certeza. No centro, Cristo revela imensa paciência diante dos verdugos que o circundam. Transposta para tempos atuais, também necessitamos de paciência redobrada diante dos dispositivos de controle impostos às formas do conhecimento. No canto direito da tela, um dos verdugos segura Jesus pelo manto. Restringe sua liberdade, parece dizer "apenas eu sei e mais ninguém". Certezas demais, convicções demais.

Edgar Morin refere-se com frequência a Giuseppe Archimboldo (1527-1593). Suas telas expressam as alegorias da harmonia e do caos, a interdependência dos quatro elementos — terra, fogo, água e ar —, das estações do ano, a complementaridade de flora e fauna, o peso da acumulação dos saberes. O *Bibliotecário* expressa a embriaguez simbólica do saber, como se todos nós fôssemos inundados por maremotos de livros e nos metamorfoseássemos em livros em que as sabedorias são objetivadas. A cortina que se encontra a seu lado o protege das intempéries do frio e da intolerância dos asseclas. Como o *Bibliotecário* de Archimboldo, precisamos de muitas cortinas para nos defender dos malefícios da fragmentação e da barbárie do pensamento.

Ilya Prigogine, Nobel de Química de 1977, concentrou-se em René Magritte (1898-1967) em vários ensaios. Para Prigogine, as imagens de Magritte enfatizam os mistérios da vida. Se a história humana possui um caráter não determinista e se o futuro nunca está dado, devemos privilegiar as experiências da criatividade, abertas, poéticas e polifônicas, para não sucumbirmos na repetição prosaica, equilibrada demais. *A arte de viver* expressa exatamente esse dilema: a luminosidade da criatividade, a singeleza da repetição. Na parte inferior do quadro, um terno completo sem cabeça. A imagem traduz o dia a dia da repetição. Acima, a luminosidade da esfera que contém um pequeno rosto ao centro despregado do resto, como se corpo e mente fossem realidades excludentes, irreconciliáveis.

Fernando Dinis viveu num manicômio judiciário, pois, segundo constam dos autos judiciários, andava nu pelas areias de Copacabana. Em 1949, foi internado no Centro Psiquiátrico D. Pedro II, de onde nunca mais saiu até sua morte, em 1998. Iniciou-se nos ateliês de Nise da Silveira, psiquiatra anticartesiana que, no lugar do eletrochoque, colocou nas mãos dos pacientes tintas, telas, barro, animais. Dinis produziu cerca de trinta mil obras: tapetes, mandalas, modelagens. Mudei para o mundo das imagens; o pintor, ele afirmou, é feito um livro que não tem fim. Premiado em 1996 no festival de cinema de Gramado pelo curta-metragem *A estrela de oito pontas*, não compareceu à cerimônia. Sua última exposição foi no Museu Nacional de Belas-Artes, Rio de Janeiro, um ano antes de seu falecimento.

Acredito que a missão da educação deva se inspirar nesses exemplos, pois eles desfazem fronteiras, entrelaçam pensamentos, religam razão e emoção, racionalismo e sensibilidade, sabedoria e loucura, consciente e inconsciente, arte e ciência. São circuitos auto-organizados que se retroalimentam mutuamente e traduzem esperanças, desvarios, reorganizações.

No plano da educação e da formação da consciência, esse fato se traduz na substituição da compulsão disciplinar e quantitativa pela pulsão de saberes transdisciplinares qualitativos, na negação das dualidades presentes no pensamento moderno pelo menos desde Descartes, na aceitação da interminável tensão entre local e global, particular e universal. A educação dos educadores tem de reconhecer, e assumir, que a função escolar deve estabelecer e refundar as complexas conexões e interconexões entre presente, passado e futuro, sem que isso seja feito de forma linear ou determinista.

A transdisciplinaridade não é método, mas estratégia, caminho errático que atravessa os saberes. Caminhante não há caminho, o caminho se faz ao andar, afirmou Antonio Machado em um de seus poemas. Não se trata, portanto, de um receituário de procedimentos e etapas a serem operacionalizados diante de objetos inertes. A palavra assusta, porque mexe com certezas consolidadas e nichos de poder. Na verdade, trata-se de um domínio cognitivo que se localiza além das disciplinas, uma atitude teórico--conceitual-metodológica assemelhada a uma viagem sem porto definido. Exige conhecimento sedimentado das áreas-tronco do pesquisador, mas vai além delas, para atingir a complexidade dos problemas sócio-históricos. Um intelectual transdisciplinar tem a coragem de sair da competência específica para acessar a pluralidade dos saberes, a grande narrativa, como pretende Michel Serres.

Mesmo que seja perceptível em campos emergentes como a ecologia, a cosmologia, as ciências da terra e da cognição, a transdisciplinaridade não sepulta a figura do especialista, o que seria algo insensato, mas aposta na formação de educadores sistêmicos, polivalentes, abertos, mestiços, arlequinados, reflexivos, críticos, exílicos, amorosos, utópicos. Talvez esse venha a ser o perfil do intelectual do século XXI: um *outsider* que ultrapassa as fronteiras de seu saber específico para empenhar-se no diagnóstico da incerteza do mundo. Por isso, os cruzamentos transdisciplinares não propõem um sincretismo entre ciência e religião, ciência e arte, ciência e mito, mas um diálogo híbrido permanente entre esses circuitos dos saberes.

O que se busca são metapontos de vista a partir dos quais se possam entender os formatos multidimensionais da vida. Se sua base é biológica e sócio-histórica, não é mais possível isolar o natural do cultural, mas sim ir além deles. Saberes transdisciplinares são nutridos pelas polifonias da arte, da poesia, da filosofia, da ciência, da tradição, sem que se estabeleça nenhuma diferença de natureza ou grau entre elas. Graças a estudos trans--históricos e transreligiosos e ao surgimento de conceitos novos como os de transnacionalidade e transpolítica, delineiam-se condições epistemológicas capazes de inaugurar uma ecologia profunda, conduzida pela razão aberta e retroalimentada por dialogias, recursividades e hologramas.

Os *sete saberes necessários à educação do futuro* (Morin, 2000) propostos por Edgar Morin para a reforma do Ensino Médio francês, em 1997, nos estertores do governo socialista de François Mitterand, mesmo que não tenham sido implementados, constituem importante fonte de inspiração, um bom começo para se repensar a educação no Brasil, se aplicados e problematizados em todas as áreas do pensamento e em todos os níveis do ensino, privado, público ou comunitário.

As cegueiras do conhecimento, a objetividade das certezas, as inter-mitências da condição humana, os percalços da identidade terrena, o caráter provisório da ciência, os obstáculos à compreensão, as intolerâncias interculturais, as utopias da antropoética e da comunidade de destino devem ser cotidianamente problematizados, dadas as contradições da Idade de Ferro planetária em que vivemos. Esses sete saberes são buracos negros do conhecimento, afirma Morin. Claro que não devem ser entendidos como disciplinas, programas ou sequências de pré-requisitos curriculares. São, isso sim, um conjunto de operadores cognitivos a serem postos em marcha por pensadores plurais empenhados em repensar o papel da educação.

Se for necessário que o *princípio da incerteza racional* contamine a todos, que isso seja feito e assumido sem maiores delongas. A sociedade tem que desobedecer o paradigma do ocidente, disjuntor do sujeito e do objeto, para que o pensamento selvagem, imaginal, próximo da intuição sensível, assuma seu devido lugar. Não se trata de denegar a força da razão, mas introjetar que a via racional não é a única forma de acessar o real por meio de teorias, conceitos, proposições. O imaginário contido nos mitos, na literatura, na música, no cinema são exemplos disso. Se real-imaginário é totalidade indivisível, precisamos aprender a religar parte e todo, texto e contexto, local e planetário, para que os paradoxos gerados pelo globalismo tecnoeconômico não sejam assumidos como redutos unidimensionais da certeza. Passar a entendê-los como incompletos, inconsistentes e indefiníveis é um bom começo para a almejada mudança de paradigma e para a reforma do pensamento.

Assumir que a educação do futuro deve conter como preceito inegociável a *ética da compreensão planetária* implica entendê-la não como proposições abstratas, ou como planilha de regras formais outorgada pelos donos do poder, mas como atitude deliberada de todos aqueles que acreditam que a cultura de paz, a construção de solidariedades nacionais e transnacionais, a consolidação das democracias, a efetiva colaboração entre todas as culturas da Terra não é algo intangível.

A religação dos saberes que serve de ponto de partida para a realização desses metapontos de vista não se situa no plano das ideias e das utopias não realizáveis. É teoria e prática, ação política, prática ética, reflexão criativa, negação da certeza, reconhecimento do erro. A palavra "religação" define a intenção de superação das dicotomias cartesianas. Ela não acaba com as disciplinas, sejam elas quais forem.

Seria descabido e insensato não reconhecer os progressos dos conhecimentos no mundo contemporâneo. A religação requer, porém, um choque cultural que invista contra as estruturas da repetição — tecnoburocracia escolar, programas superados, estratégias de dominação, bibliografias ultrapassadas — e aposte nas estruturas da criatividade — os desregramentos das artes, a polifonia da literatura, a estética dos mitos, as incertezas das teorias e modelos.

A repetição é apaziguadora; é, igualmente, esquizofrênica, pois cria um sujeito cindido consigo mesmo. Na sala de aula é uma coisa; na atividade cidadã, outra. O sujeito é sempre endo e exorreferente, duplo, razão e loucura. Intelectuais costumam separar a vida do sujeito da enunciação, das ideias que professa. Esquecem-se de que tudo aquilo que dizemos é produzido por uma história pessoal, por vezes cheia de sofrimentos, dores, percalços e algumas poucas alegrias.

A restauração do sujeito responsável na educação requer a explicitação da dialogia vida-ideias. Claro que a convivência entre ambas nunca é plenamente pacífica. É, porém, do embate entre elas que um novo sujeito do conhecimento poderá emergir. "Toda vez que a ciência progrediu no mundo, pelo menos a partir do século XVII, a criatividade explodiu sem controle. Foi assim com Darwin, Freud, Marx e tantos outros pensadores que instauraram a criatividade e não ficaram refestelados no conforto da repetição" (Carvalho, 2008).

Com vontade política, desapego individualista, abertura cognitiva e consciência espiritual não é impensável admitir que a educação sustentável, ou a ecoalfabetização, se preferirmos, é a única saída para nosso futuro. É preciso ir além das leis de equilíbrio e da fábrica da ordem da cultura, assim como das regulações que os paradigmas do mercado e da informação tentam impor a todos.

O futuro é sempre indeterminado, composto por fluxos, brechas, desordens, pontos de fuga. Por isso mesmo, a emergência de uma nova aliança entre mundo físico, mundo biológico e mundo cultural constitui o pressuposto irreversível, crucial, inadiável, a ser posto em marcha por uma educação que se paute pela sustentabilidade dos ecossistemas da Terra, pela codependência entre os níveis inorgânico, orgânico e superorgânico. O reencantamento da ciência é base do reencantamento do mundo. Trata-se, portanto, de uma nova aliança entre as esferas da vida. Esse é o sentido da metamorfose. Saberes científicos, afirma Prigogine, não são nada mais nada menos do que escutas poéticas da natureza, processos abertos de produções e invenções (Prigogine e Stengers, 1984).

Para que esse amplo objetivo transdisciplinar seja ultimado, a ética deve ser assumida como valor universal. Essa universalidade não constitui, porém, um catálogo de regras abstratas elaboradas por comitês, comissões ministeriais, conselhos sociais. Trata-se, isso sim, de uma vivência relacional cotidiana a ser elaborada a duras penas diante da crueldade do mundo e do mal-estar civilizatório.

Constante em todas as épocas e lugares, a ética e os atos que a sustentam constituem o alvo máximo de todos os humanos. O que significa ser ético? É possível legislar sobre o que é e o que não é ético, se o *ethos*, a casa comum, vem sendo degradado e vilipendiado a cada dia que passa? É forçoso reconhecer que estamos enredados num jogo cósmico, um sistema de forças composto por dois quadrimotores: de um lado a religação, a separação, a integração e a desintegração; de outro, a ciência, a técnica, a ética, a sustentabilidade. Cabe ao sistema-mundo decidir se religação e integração, assim como ética e sustentabilidade, prevalecerão sobre os demais. No primeiro caso, pode-se prever a consolidação de uma biopolítica da civilização terrena; no segundo, a expansão incontrolada da barbárie.

Se, de acordo com o preceito kantiano, não se deve fazer aos outros aquilo que não se quer que seja feito para nós mesmos, a ética constitui sempre um ato universalista de religação com o sujeito, a comunidade, a história, a humanidade, o cosmo e o conjunto dos saberes. Como ato humano que é, a ética mergulha na incerteza do mundo. Se os humanos vivem de acertos e erros, sucessos e insucessos, avanços e retrocessos, os julgamentos éticos — e na educação eles são prioritários — devem sempre ser colocados entre parênteses, assim como a objetividade, a sexualidade, a racionalidade e as racionalizações. Felicidade, risco, precaução, solidariedade, obediência, revolta, devem pesar em qualquer ecologia da ação voltada para atos éticos.

É claro que as revoluções científicas dos séculos XVII e XVIII promoveram um reviravolta na totalidade dos modos de ser e instalaram a hegemonia da razão, da lógica, do empirismo, da hiperespecialização. O afastamento do caminho do viver bem abriu caminho para um mundo poroso em que se repete, mais do que se cria. O mundo da imaginação poética cedeu lugar à realidade da vida prosaica e as promessas prometeicas das tecnociências.

Camuflada por liberdades outorgadas, cinismos explícitos e exclusões ampliadas, essa sociedade do controle e da desigualdade espraiou-se para os reinos da política e da cultura. Pequenas felicidades aliadas a duvidosas éticas privacionistas passaram a compensar a imensa dependência econômica, social, política que se instalou no mapa-múndi a partir do esclarecimento das Luzes, da escuridão das guerras, da perda das grandes narrativas, da intolerância das diversidades.

O tema da ética envolve sempre três circuitos complementares alicerçados na tríade indivíduo-sociedade-espécie: *autoética*, voltada para a meditação das ações e sentimentos que vivenciamos a todo momento, sejam elas o lazer, a alegria, o amor, o sofrimento, a dor, o companheirismo, a amizade; *socioética*, dirigida para relações que travamos com os outros, no sentido de garantir um *quantum* de solidariedade que viabilize as agruras globalizadas com as quais nos defrontamos a toda hora; *antropoética*, fundada na identidade humana comum, na preservação e na sustentabilidade de nossa terra-pátria, algo que, simplesmente, garanta para as futuras gerações o direito de existir.

Não há palavras de ordem, apenas caminhos, horizontes, proposições, precauções, formatos, que vislumbram o papel da ética na cultura, na educação e, claro, na pesquisa praticada em instituições, órgãos estatais de amparo à pesquisa, políticas ministeriais, órgãos privados preocupados com a questão cultural. Refletir sobre eles, repensar o papel que desempenhamos na formação de gerações responsáveis pelos destinos planetários é tarefa urgente. A ética não se reduz à moral, sempre implica retorno às fontes cósmicas primordiais. A cultura é mola mestra que abre corações e mentes, solo do humanismo planetário. Não é sinônimo de erudição ou artefato das elites. A educação é processo contínuo que contém oceanos de incertezas, arquipélagos de dissipações.

Em decorrência disso, é possível admitir uma nova hominescência, uma emergência hominiana, como denominou Michel Serres (2003). Esse neologismo soa como grito de alerta que coloca todos sob a égide do princípio da responsabilidade intercultural. Em primeiro lugar, é forçoso reconhecer que as biotecnologias mudam nossas relações com a duração, assim como bombas atômicas, guerras e genocídios alteram nossas relações com a morte. Nunca dispusemos de tantos meios para melhorar o mundo e, mesmo assim, não o fazemos. Nossos poderes mudaram de escala.

Onipotentes e inconscientes de nossa fragilidade, devastamos os ecossistemas de tal maneira que, nessa primeira década do século XXI, vivemos sem garantias de um futuro sustentável. Esse é o sentido da hominescência: uma esperança que se mescla com inquietudes generalizadas e medos recalcados. Permanece o hiato, afirma Serres, entre o *Homo terminator*, voltado para as destruições, e o *Homo universalis*, responsável por si mesmo e pelo mundo. Será possível que um deles prevaleça sobre o outro?

Ao separar corpo e mente, a ciência reduziu o primeiro a experiências de treinamento e repetição, e a segunda a circuitos neuronais especializados. Empenhados em religá-los, os novos educadores terão de assumir o fato de que o segredo da vida permanece em aberto, e isso porque a hominização se processa por meio de desvios, equilíbrios, desordens e bifurcações que envolvem múltiplas ações e retroações entre a mente e a natureza, o contingente e o necessário, o autônomo e o heterônomo. Esses saberes constituem circuitos de hominescência, formatações culturais a serem operacionalizadas nas instituições escolares, cuja função é preparar as futuras gerações para o advento de uma sociedade-mundo solidária, regeneradora da dignidade humana no planeta, nossa habitação comum.

Reassumir esse programa de ação cultural coletiva implica redimensionar a universalidade da cultura. Não, a cultura não termina nas fronteiras da tribo, da cidade, da nação. É algo mais amplo, constituído por um mosaico de múltiplas cenografias. Nele se articulam espaços topológicos e projetivos, tempos curtos e longas, microespaços e macroespaços, planos reversíveis e irreversíveis.

A imagem da marchetaria formulada por Serres é adequada para designar o formato desse pressuposto. É ela que dá consistência e expressividade à grande narrativa. É nossa pequena família mundial que, em meio a guerras, violências, extermínios e desigualdades, se incumbe de tecê-la. A reconstrução do sujeito, os jogos de linguagem, a boa utopia de um futuro responsável, são os alicerces de uma mutação incandescente para todos os seres vivos. Reservatório de matérias, conservatório de imagens, nossa Terra requer um homem afinado com valores universais e éticas comuns a todos.

Imbuído desse ideário, Serres (2005) chegou a solicitar às universidades que reformassem seu ensino em prol de um saber comum. Em sua formulação, havia um pressuposto geral dividido em dois macroblocos: o primeiro, empenhado na construção de uma configuração cartográfica formada pelas ditas ciências duras que já atingiram a universalidade — trata-se de um registro complexo da evolução da cronopédia; o segundo constituído pelo mosaico das formas e cores das diversidades culturais. A assimilação dessas diferenças e sua inserção na universalidade deve ser assumida e tratada pelas pedagogias.

Assumido o pressuposto, passa-se ao programa comum para o primeiro ano das universidades. Ele se subdivide em três grandes plataformas: a primeira, incumbida de explicitar o *programa comum da especialidade* escolhida pelo alunado no ingresso universitário; a segunda, de caráter propedêutico, intitulada *A grande narrativa unitária de todas as ciências*, composta por quatro unidades: elementos de física e astrofísica, elementos de geofísica, química e biologia, elementos de antropologia geral, elementos de agronomia, medicina e explicitação das múltiplas passagens da natureza à cultura e das relações dos homens com a Terra, a vida e a humanidade. Finalmente, a terceira plataforma, intitulada *O mosaico das culturas humanas*, é portadora de caráter mais epistêmico. Envolve cinco unidades: elementos de linguística geral, evolução das linguagens da comunicação, elementos da história das religiões, elementos de ciências políticas e, finalmente, a análise de obras-primas das artes e das sabedorias milenares e a construção do conceito de patrimônios da humanidade.

Se a educação do futuro vier a ser contaminada por essas três plataformas de conhecimento, os saberes culturais transdisciplinares constituirão uma reserva cultural comum e universal, patrimônio histórico a ser acessado e preservado por todos os *sapiens demens* da Terra. Pensar os saberes no século XXI implica enfrentar as crises da escola e suas possíveis superações, assim como recriar novas humanidades e, antes de mais nada, aprender a pensar de outro modo. Incrível constatar, por exemplo, que o fenômeno do iletrismo se espalha por toda parte, como atestam dados empíricos sistematizados em recentes pesquisas. À vigilância cognitiva imposta pela fragmentação soma-se a violência do Estado, obcecado por índices, avaliações, classificações, hierarquias.

A globalização da cultura gerou um conjunto de midiaesferas, blogosferas, videoesferas e tantas outras que venham a ser criadas para estocar e propagar o vasto acervo cultural da hipermodernidade. Em si mesmas não são boas ou más, depende de quem as aciona. A quantidade de informações que veiculam não consegue, porém, produzir mutações paradigmáticas capazes de gerar ou comandar revoluções científicas. De um lado excitam a curiosidade pelo acúmulo de informações; de outro, castram a criatividade, que, como se sabe, é o centro nevrálgico da cultura.

A formação da cidadania planetária exige especialistas policompetentes, mas também cidadãos imbuídos da necessidade de reformar a cultura. Saberes complexos transversais que sempre envolvem a espiritualidade, a sistêmica e a sinergia são regeneradores da condição humana. O formato dessa política é horizonte inacabado, um projeto e um processo de reticulação em redes não hierárquicas nas quais o trinômio controle-poder-saber poderá ser revertido. Como toda reinvenção que se processa na noosfera, ela necessita de uma revolução noética, ou seja, novas linguagens, proposições, políticas e, claro, organizações democráticas que sustentem o diálogo intercultural. "Outrora semelhante a um grão denso ou um pequeno cascalho escuro, únicos e duros, o eu agora torna-se múltiplo, transversal, rutilado, assemelhado a um mosaico" (Serres, 2003, p. 294). Talvez por isso, quando perguntaram a Einstein o que era a educação, ele tenha respondido que a verdadeira educação é tudo aquilo que se aprende quando se sai da escola.

No caso brasileiro, os pilares da dita crise universitária têm a ver com tudo isso. Enquanto a universidade não se empenhar na religação da cultura científica e da cultura das humanidades, a disciplinaridade e a fragmentação permanecerão hegemônicas. Aliás, esse fato já havia sido motivo de alerta por parte de Charles Snow em 1959 [1995]. Fechar o fosso entre as duas culturas, afirmou ele, é uma necessidade intelectual e prática. Em sintonia com esse alerta, Darcy Ribeiro, cujas ideias foram fundamentais para a renovação de muitas universidades latino-americanas e escolas dos ensinos Fundamental e Médio, costumava afirmar que a função da escola é dominar o conhecimento de seu tempo para poder transmiti-lo às futuras gerações, alertando-as sobre o caráter transitório dos saberes.

A universidade brasileira é produto tardio sem tradição consolidada. É bom relembrar que a Universidade de São Paulo (USP) foi criada em 1934 pela missão francesa. Temos que levar em conta também que o golpe de 1964 e os quinze anos de ditadura militar ceifaram a universidade no que ela tinha de mais relevante e inovador, tanto nas ciências da natureza quanto nas ciências da cultura. Não houve reposição qualitativa dos quadros do pensamento. Não conseguimos formar especialistas policompetentes empenhados na reforma da educação. O crescimento quantitativo e populista das universidades não é sinônimo de ampliação de qualidade. Quando muito, o que se identifica é uma intelocracia sem consistência teórica relevante, embora ilhas de excelência possam ser identificadas. Dependente do poder do estado, legisla em causa própria, não consegue propor nenhum tipo de reforma, por mínima que seja. A dicotomia ensino público-ensino privado é expressão disso (Carvalho, 2008).

Precisamos de novas políticas democráticas que não diabolizem as instituições privadas em detrimento de apregoadas excelências presentes nas públicas. O Estado deve redirecionar sua política, estendê-la a todos os setores culturais, para que a escola se democratize. Caso isso ocorra, o trinômio controle-poder-saber pode ser revertido. Esse é o sentido da democracia: saber conviver com as diferenças, despregar-se do imediato para que o sujeito contextual seja contaminado pela lógica da audácia baseada na metamorfose dos saberes, e não se submeter à lógica da convenção cujo caráter normativo e regulador impede a emergência de processos criadores e não contribui em nada para a regeneração da cultura, da educação e da cidadania.

REFERÊNCIAS BIBLIOGRÁFICAS

CARVALHO, E.A. "É preciso religar os saberes" (entrevista). *Escola particular*, ano 11, n. 118, jan. 2008, p. 13.
──────────. "O conflito das universidades" (entrevista). *Cult*, n. 138, ago. 2009, pp. 45-64.
MORIN, E. *Os sete saberes necessários à educação do futuro*, Catarina Eleonora F. da Silva e Jeanne Sawaya (trads.); Edgard de Assis Carvalho (rev. téc.). São Paulo: Cortez; Brasília: Unesco, 2000.
PRIGOGINE, I. e STENGERS, I. *A nova aliança: metamorfose da ciência*, Miguel Faria e Maria Joaquina Machado Trincheira (trads.). Brasília: Editora da UnB, 1984.
SERRES, M. *Hominescências. O começo de uma outra humanidade?*, Edgard de Assis Carvalho e Mariza Perassi Bosco (trads.). Rio de Janeiro: Bertrand Brasil, 2003.
──────────. *O incandescente*. Edgard de Assis Carvalho e Mariza Perassi Bosco (trads.). Rio de Janeiro: Bertrand Brasil, 2005.
SNOW, C.P. *As duas culturas e uma segunda leitura*. Geraldo Gerson da Souza e Renato de Azevedo Rezende (trads.). São Paulo: Edusp, 1995.

ÁREAS DE INTERSEÇÃO ENTRE CULTURA E EDUCAÇÃO: A FORMAÇÃO DE FORMADORES

Gemma Carbó Ribugent

> *Consequentemente, se quisermos dar um equipamento cultural melhor para os membros das novas gerações, a primeira frente de ataque não estará na instituição escolar, mas, sim, fora dela, mais precisamente nesse terreno difuso mas decisivo que chamamos de cultura (Da Silveira, 2003).*

AS RELAÇÕES ENTRE CULTURA, EDUCAÇÃO E COMUNICAÇÃO

Neste artigo, quando falamos de cultura e educação, não nos referimos apenas à educação artística e também não nos limitamos à linha de investigação contemporânea, centrada na educação intercultural de caráter mais ético e social, mas, sim, falamos das complexas inter-relações entre usos, procedimentos e identidades culturais, comunicação e educação. Nessas relações também estão incluídas, é claro, a arte e a diversidade cultural.

De acordo com vários autores,[1] nesse cruzamento de conceitos ou espaço de interseção (comunicação, cultura e educação), encontram-se muitas das chaves para entender o contexto de crise em que se inscreve o modelo escolar (quando não o sistema educacional ou a educação) e onde encontramos o professor desorientado que liderava esse encontro.

Partimos, portanto, de uma perspectiva sobre essa questão que nos parece muito mais aberta. Um olhar que considera a introdução, neste binômio clássico cultura-educação, do fato social da comunicação, entendida não só como "os meios", mas também como um processo interativo de diálogo construtivo entre o discípulo e o mestre.[2]

---

[1] Ver Jesús Martín Barbero, David Buckingham e Joan Ferrés, entre outros.
[2] Com isso, retornando parcialmente ao método socrático de aprendizado e transferência de conhecimento.

A comunicação, então, é um processo para o qual existem inúmeras linguagens e para o qual, portanto, são necessárias diferentes alfabetizações. Boa parte das linguagens e formas de expressão que tornam possível essa comunicação está associada não só à escrita, mas também à criação artística, o que torna indispensável a educação estética e do gosto, fundamental para o desenvolvimento do ser e da pessoa, para o "aprender a ser".

Nesse sentido, porém, a comunicação compreende também, é claro, a linguagem oral (oralidades culturais) e a linguagem visual em suas formas globais. Desde o mito platônico da *caverna*, e durante séculos, a imagem esteve ligada ao mundo da falsidade, de um lado assimilada a instrumento de manipulação, de persuasão religiosa ou política; e, do outro, expulsa do campo do conhecimento e confinada ao campo da *arte*. Hoje em dia, novas formas de articular a observação e a abstração baseadas no processamento — digitalização e redes de interface — das imagens não apenas as liberta de seu, até agora, irremediável status de "obstáculo epistemológico", mas também as converte em ingrediente-chave de um novo tipo de relação entre a *simulação* e a *experimentação* científicas (P. Levy, 1995; Barbero, 2006).

Além disso, contudo, no binômio comunicação e cultura, está situada também a chave para a convivência social, para o "aprender a estar e conviver". A consolidação da democracia, a obtenção de uma verdadeira cidadania cultural e a aliança de civilizações, o desenvolvimento humano e sustentável passam pela alfabetização midiática e informática de crianças, jovens e adultos, o que significa ir muito mais além da introdução de computadores nas salas de aula, nas casas e na administração pública.

Em geral, a conexão entre comunicação e cultura tem sido analisada levando em conta a gestão cultural, a partir de um terceiro eixo que não é a educação, mas sim a economia. As indústrias culturais e o setor da mídia ou a chamada "economia criativa" são, hoje, a demonstração do lugar central contemporâneo que a cultura ocupa, como recurso econômico e de desenvolvimento.

Por outro lado, a vinculação entre meios de comunicação e arte tem sido objeto central (também do ponto de vista das indústrias culturais), não da gestão cultural, mas sim da filosofia da comunicação e da cultura. Da Escola de Frankfurt a McLuhan, de Umberto Eco a Marc Fumaroli ou Alesandro Baricco, são muito os autores *apocalípticos ou integrados*[3] que têm discutido essa questão. Não achamos necessário entrar, aqui,

---

[3] De acordo com as definições de Umberto Eco em sua obra *Apocalípticos e integrados ante a cultura de massas* (1965).

no debate conceitual entre cultura e cultura de massa, entre indústria cultural e arte, pois existem aportes muito bons vindos de todos os pontos cardeais.

No que se refere às inter-relações entre comunicação e educação, está havendo um intenso debate entre os peritos de ambas as especialidades e campos de ação, no qual, em minha opinião, as políticas culturais deveriam participar de forma muito mais ativa. Para resumir esse debate e sua relação com a cultura, menciono uma breve citação:

> O simulacro de que falou Bourdieu faz muitos anos — a escola, lugar onde os professores fazem de conta que ensinam a alunos que fazem de conta que aprendem, mas onde tudo funciona — começou a explodir estrondosamente. E não por causa dos professores ou dos alunos, mas de um modelo de comunicação escolar que não tem nada a ver com as dinâmicas de comunicação da sociedade, isto é, por causa de uma escola que continua exigindo dos alunos (eu acrescentaria também do professor[4]) que deixem fora dela seu corpo e sua alma, suas sensibilidades, suas experiências e suas culturas, sejam estas sonoras, visuais, musicais, narrativas ou da escrita (Martín Barbero, 2005).

Em conclusão, as políticas culturais e a gestão cultural deveriam começar a levar seriamente em consideração, por tudo isso, os espaços de interseção que são derivados desses encontros: a função educacional das artes e da cultura; o encontro necessário entre criadores, gestores, atores, educadores, mestres e professores, e, em geral, a relação entre cultura, comunicação e educação.

EXPERIÊNCIAS NA ÁREA DE INTERSEÇÃO

Essas zonas intermediárias e de transição entre disciplinas têm gerado historicamente alguns precedentes importantes. Os museus e reservas naturais ou arqueológicas têm sido os espaços culturais que, por tradição, mais levaram em conta a questão educacional, talvez por sua função original, ligada ao setor universitário e de pesquisa, estar muito relacionada com a necessidade de sensibilizar para a conservação.

Por isso os setores de educação nos museus e no patrimônio cultural e natural contam com uma boa elaboração teórica e são os que vêm desenvolvendo os melhores procedimentos.

De forma muito mais recente, mas nem por isso menos inovadora e importante, essa função vem sendo seriamente considerada pelas

[4] Acréscimo do autor.

bibliotecas, por alguns arquivos, por alguns centros cívicos, por muitos centros culturais e por cada vez mais projetos sociais que se apoiam, estrategicamente, nas artes plásticas ou cênicas, na literatura, na música ou nas artes audiovisuais. O incentivo à leitura pública, por exemplo, foi assumido por muitas das políticas culturais contemporâneas como espaço compartilhado com a tarefa educacional e com os objetivos das campanhas de alfabetização.

Mesmo assim, nas últimas décadas desenvolveram-se procedimentos criativos em bairros e comunidades, que, com o nome de Desenvolvimento Cultural Comunitário na Catalunha (Artes Comunitárias no mundo anglo-saxão, Animação Comunitária nas zonas francófonas), colhem a experiência da animação sociocultural, procurando melhorar determinados contextos e condições sociais por meio da criatividade e da arte.

> Chamamos de projetos artísticos de intervenção comunitária aquelas propostas que levam em consideração a construção, o reforço e o apropriar-se pelas pessoas que participam do processo e das relações que são estabelecidas entre elas, e naquelas em que a criatividade é usada como instrumento metodológico e educacional (Ricarti i Masip e Saurí e Saula, 2009).

Inclusive, partindo das mesmas escolas, começam a aparecer algumas experiências-piloto de caráter inovador, como no caso de uma escola em Madri cujo projeto central é a produção coletiva de uma ópera,[5] de um instituto em Barcelona que abandonou os livros didáticos e trabalha o currículo a partir da educação audiovisual ou, como no México, o projeto dirigido por Lucina Jiménez, de educação por meio das artes cênicas[6] (música e dança), também dentro das escolas públicas e durante o horário letivo. Essa evolução veio confirmar que a função educacional da cultura não podia ficar entregue à organização de alguns serviços didáticos de visitas guiadas e oficinas de aprendizado escolar, o que era feito com bastante frequência, com a dupla tarefa de garantir público e rendimentos para os museus e os espaços do patrimônio nacional.

A questão educacional deveria estar, hoje, na filosofia de qualquer projeto cultural e deveria expandir-se a todos os setores da estrutura e da organização dos centros e espaços de criação, difusão, conservação e exibição. Mas, além disso, potencializar a função educacional partindo da gestão cultural é tarefa de espaços, serviços e programas culturais vinculados não só à memória, ao patrimônio e à preservação das identi-

---

[5] CEIP Nuestra Señora de la Victoria. Villarejo de Salvanés, Madri.
[6] Consorcio Internacional Arte y Escuela: Aprender con arte.

dades culturais, mas também, e especialmente, a programas, espaços, indústrias e agentes vinculados à criação e à reflexão contemporânea.

> Na verdade, sempre existe um jogo retroativo entre presente e passado, em que não só o passado contribui para o conhecimento do presente, o que é evidente, mas também as experiências do presente contribuem para o conhecimento do passado e, de esse modo, o transformam. Devemos abandonar o esquema simplificador aparentemente evidente: Passado → Presente → Futuro, pela concepção complexa: passado ←→ presente ←→ futuro (Morin, 2009, p. 16).

A inovação cultural e educacional tem muito que a com a superação desse divórcio convencional entre patrimônio e criação, entre clássicos e modernos, entre comunicação e cultura. Tem a ver, também, com a redefinição dos espaços de interseção entre agentes culturais e educacionais. Os professores desorientados podem encontrar, na cultura entendida desse modo, o grande aliado para a educação do século XXI.

> Isso quer dizer que temos de esquecer a escola? É claro que não. Mas quer dizer, sim, que, além de docentes bem preparados e de planos de estudo suficientemente flexíveis e atualizados, precisamos de agentes culturais que nos ajudem a explorar as possibilidades contidas nesse novo mundo, que nos permitam prever suas oportunidades e seus riscos, e que nos ajudem a identificar alguns de seus mecanismos principais (Da Silveira, 2003).

Por conseguinte, a gestão cultural deverá assumir responsabilidades partilhadas com o sistema educacional formal, bem como com a política de comunicações e social em geral, aprendendo a trabalhar de forma mais transversal e articulada. Sustentamos que uma das frentes do trabalho compartilhado e em cuja articulação seria bom fazer progressos é a formação de formadores.

POLÍTICAS CULTURAIS E FORMAÇÃO DE FORMADORES

A complementaridade entre o mundo da cultura e o mundo da educação foi sempre entendida como evidente e necessária. Mas a realidade não corresponde muito à obviedade. A especialização política e administrativa de ambos os espaços e as diferenças entre os dois sistemas parecem difíceis de superar. Por isso, é importante procurar espaços de interseção e ligações entre seus agentes, seus recursos e seus potenciais. Conforme assinala Alfons Martinell (2001) quando se refere às relações entre educação e cultura:

Estamos neste campo quando relacionamos as políticas culturais e as políticas educacionais partindo da percepção majoritária de que são um conjunto de ações com alto nível de interdependência e complementaridade, mas que, na prática, enfrentam sérias dificuldades de articulação por diversos motivos e por suas estruturas intrassistêmicas.

Tradicionalmente, o peso político na regulamentação, no controle administrativo e na dotação orçamentária tem sido muito mais importante no campo da educação. Entretanto, no contexto atual, as políticas e a gestão cultural cada vez mais estão assumindo importância social. Por quê? Provavelmente porque as sociedades contemporâneas são multiculturais. Isso implica, em primeiro lugar, necessidade de gerir contextos de interculturalidade e, também, ter a possibilidade de desenvolver e canalizar os potenciais indiscutíveis da diversidade cultural.

Diversidade cultural significa variedade de formas de conhecer e narrar, de usos e procedimentos artísticos, estéticos e expressivos, que não correspondem apenas a realidades geográficas ou a grupos territoriais de caráter étnico e minoritário, mas, sim, a comunidades e identidades culturais de todo tipo, relacionadas com ideologias, interesses, paixões, procedimentos, orientações sexuais etc. e que, em alguns casos, podem ser claramente majoritárias.

As políticas culturais e educacionais nacionais, bem como os grandes organismos multilaterais, defendem essa diversidade cultural como o grande recurso de desenvolvimento, crescimento e criatividade em um mundo global e em uma era planetária, em que a convivência e o respeito mútuo serão a chave para a liberdade e a paz. Mas não são as culturas que dialogam: quem dialoga são os agentes.

Para que esse diálogo entre os agentes e suas culturas prossiga, para promover o respeito pela diversidade cultural, é preciso novamente levar em consideração a importância da educação e dos educadores, que não devem ser confundidos apenas com os professores do âmbito formal.

Agentes educadores ou mediadores, essenciais para que se consiga esse diálogo, também são, sem dúvida, o gestor cultural, o artista, o cientista, o intelectual, o criador, o artesão e, inclusive, o produtor e a mídia quando trabalham "junto com" ou "como" professores e educadores.

Na área de interseção, uma das questões importantes, como indica Carmen Maestro[7] (2008) e como propõe este encontro, é a questão da formação

---

[7] Carmen Maestro Martín é presidente do Conselho Escolar do Estado desde 2006 e, nesse artigo, sintetiza os grandes desafios assumidos para 2010 em relação à Europa e à presidência espanhola da União Europeia.

e das identidades culturais do professorado e da escola, pois é apenas a partir da autoestima e do reconhecimento cultural pessoal, profissional e coletivo que é possível dialogar com outras entidades generacionais e territoriais.

> Outro grande desafio é reforçar a consideração que a sociedade tem pelo trabalho do docente e melhorar de forma decisiva a formação inicial e permanente do professorado, para que sua qualificação adequada lhe permita desenvolver as aptidões básicas que todo corpo estudantil deve ter no final da educação obrigatória (Maestro, 2008).

Na linha dos conceitos utilizados pelas reformas e leis educacionais, parece que está se consolidando (apesar de certas críticas que associam o conceito à linguagem empresarial) a noção de aptidão básica. Uma dessas aptidões, em que já se devem estar formando os professores na Espanha, é a chamada aptidão cultural e artística, que, entretanto, não integra a aptidão para comunicar (que continua vinculada, de forma quase exclusiva, às aptidões da linguagem e da escrita).

> Apreciação da importância da expressão criativa de ideias, experiências e emoções através de diferentes meios, estando incluída a música, as artes cênicas, a literatura e as artes plásticas.

> A aptidão para comunicar compreende as habilidades e os conhecimentos que uma pessoa deve ter para poder utilizar sistemas linguísticos e translinguísticos que estão à sua disposição para que se comunique como membro de uma dada comunidade sociocultural.

Levando em conta essas observações prévias e ante a situação descrita, este trabalho leva em consideração a importância de apresentar e refletir sobre alguns exemplos interessantes e possíveis vias para resolver esse desencontro entre disciplinas, profissionais, administrações e políticas, indo na direção dessa utópica dimensão da transversalidade, da coordenação e da eficiência de uma ação política mais adequada aos contextos complexos.

ALGUMAS ESTRATÉGIAS EDUCACIONAIS E CULTURAIS DECISIVAS

> A escola está na encruzilhada e mergulhada num momento de incerteza porque não vê claramente o caminho a seguir. Para sair com êxito do mar de dúvidas e da desorientação generalizada, parece necessário ser mais decidido e audacioso (Rodrigues de las Jeras, 2008).

Esse artigo apresenta uma análise de algumas experiências concretas realizadas partindo de um espaço educacional vinculado ao patrimônio cultural cinematográfico e à criação audiovisual contemporânea, pois considera que tem um caráter inovador baseado em uma visão integrada da comunicação, educação e cultura.

É o caso da formação do professorado por meio de cursos pontuais ou seminários de caráter permanente em que colaboraram artistas, criadores e pesquisadores, e que se desenvolveu num espaço e num projeto singular como é um museu do cinema. Da observação dessas práticas surgem algumas constatações e contribuições para a questão em que se baseia esse encontro.

O CINEMA, POR EXEMPLO

Desde que foi inaugurado, em 1998, o museu do cinema em Girona (único museu desse tipo na Espanha) apresentou uma proposta pedagógica que sugeria a necessidade de criar espaços de trabalho comum entre o professorado e a universidade no campo de formação cultural dos professores primários.

Nesse diálogo, uma das primeiras solicitações do professorado foi a de programas de formação em linguagem audiovisual e cultura cinematográfica. É importante assinalar que foram programas feitos de acordo com o Instituto de Ciências da Educação, reconhecidos pelo departamento de educação nos currículos profissionais dos educadores, embora isso nunca significasse para os professores uma redução de seu horário de trabalho.

A característica principal desses programas de formação, alguns deles de caráter permanente, é que são oferecidos por especialistas em diferentes linhas de pesquisa e não têm um enfoque didático clássico ou explicitamente didático, nem propõem como fundamental outro objetivo que não seja o prazer de se deixar seduzir pelo cinema e descobrir alguns aspectos da linguagem audiovisual e as histórias de atores, diretores, músicos, roteiristas e produtores. Desse modo, o cinema é analisado, desfrutado e recolocado a partir de olhares tão diferentes quanto os dos estudiosos das artes plásticas (cinema e pintura), da cultura clássica ocidental (cinema e mitologia clássica), dos músicos (música de cinema), dos advogados (cinema e direito), dos ativistas de direitos humanos (cinema e direitos humanos), dos pedagogos (cinema e educação), dos filósofos (cinema e filosofia) ou dos psiquiatras (loucuras do cinema).

Com a consolidação desses primeiros espaços de reunião, surgiu, entre o professorado e os educadores assíduos, uma necessidade de formação mais intensiva que se concretizou na articulação de um seminário permanente ao longo de cada curso escolar. Para esse programa mais estável, o Museu do Cinema procurou aprofundar mais o projeto educativo cultural.

A conclusão foi a de que a conservação e a pesquisa relacionada com a história da linguagem audiovisual deveriam estar diretamente relacionadas com e a serviço dos debates atuais sobre a educação em cultura e comunicação, contribuindo com o potencial histórico, estético e patrimonial que a coleção tem e com o conhecimento histórico da questão pelos estudiosos do tema.

Além disso, o Instituto de Ciências da Educação Josep Pallach, vinculado à Universidade de Girona, colocava-se como objetivo, com esse seminário, a formação de formadores, quer dizer, a formação de grupos de docentes em setores pedidos pelo próprio professorado, que possam trazer inovação e qualidade para a educação.

O seminário organizado em conjunto, então, por um agente cultural e um ente educacional oferecia ao professorado um espaço alternativo, longe da escola, para encontrar outros professores, procedentes de diferentes centros e de especialidades muito diversas.

Para esse espaço e a partir do museu, foi planejada a participação de diretores de cinema, pedagogos especializados na leitura crítica da imagem, historiadores do cinema, críticos cinematográficos, jovens criadores, produtores e realizadores, roteiristas, músicos ou diretores de fotografia, que relataram sua experiência em primeira pessoa e, muitas vezes, de forma prática e vivencial. Com isso contribuíram para a elaboração de um trabalho específico entre criadores e docentes em torno de um filme ou material audiovisual concreto.

O material fílmico tratado foi muito diversificado, desde filmes de animação a documentários, videoclipes, séries de televisão, publicidade e videoarte. As propostas surgiram do grupo de professores ou foram sugeridas pelo museu em função da possibilidade de contato com os criadores.

O objetivo era conhecer a fundo o processo de criação, analisar as linguagens utilizadas, descobrir os recursos estéticos e artísticos, realizar uma leitura crítica conjunta do material, procurar as eventuais conexões entre o material audiovisual e outras referências culturais (literatura, teatro, música, quadrinhos, televisão, videoarte etc.) e elaborar um instrumento final que fosse útil para o trabalho em classe com os jovens e o cinema.

Como resultado mais imediato, foi sendo criada uma rede sólida de inter-relações entre museu, escola, universidade, criação contemporânea e indústria cinematográfica e audiovisual local, da qual surgem continuamente projetos compartilhados e cruzamentos de informações e apredizado.

ALGUMAS REFLEXÕES

A análise dessa experiência permite que assinalemos uma série de ideias, reflexões e alguma conclusão.

Em primeiro lugar, uma reflexão sobre a oportunidade e a necessidade da inclusão do que se veio a chamar de educação em comunicação ou educação audiovisual e cinematográfica nos programas de formação de professores universitários e no novo programa de especialização para o professorado da educação secundária que está previsto para começar, na Espanha, a partir de 2010.

Como observam os historiadores da arte, a soma de tecnologia, potencial artístico e capacidade expressiva, no cinema, faz que ele se converta na grande contribuição da modernidade:

> O novo conceito de tempo, cujo elemento básico é a simultaneidade e cuja essência consiste na especialização dos elementos temporais, não se expressa, em nenhum outro gênero, de modo mais impressionante do que nesta arte jovem que data da mesma época que a filosofia do tempo de Bergson. A coincidência entre os métodos técnicos do cinema e as características do novo conceito de tempo é tão completa que dá a sensação de que as categorias temporais da arte moderna devem ter nascido do espírito da forma cinematográfica, e tendemos a considerar o próprio filme como o gênero mais representativo estilisticamente, embora talvez não seja o mais fecundo qualitativamente (Hauser, 1951, cap. X, v.3).

Neste sentido, o cinema, considerado em sua essência (*kinematographo*, desenhar a imagem em movimento) e em todas suas variedades e suportes (do celuloide à tela do celular), é uma estratégia de comunicação, artística e cultural, cujo potencial educacional é infinito. Por quê?

— Porque é a linguagem mais comum entre educadores e educandos.

— Porque é uma das formas artísticas mais completas e nos vincula a todas as artes de todas as épocas.
— Porque permite influenciar, ao mesmo tempo, a educação estética e artística e a formação de cidadãos críticos.
— Porque é uma experiência cultural que se dirige ao espectador, a partir da qual se pode, depois, dialogar.
— Porque, no caso do cinema, hoje, é possível combinar a teoria e a prática. A prática permite o trabalho de equipe, a participação e o envolvimento de todos os alunos.
— Porque constitui uma possível área de futuro profissional.
— E, acima de tudo, porque pode ser um grande recurso para o professor desorientado, ajudando-o a reencontrar seu espaço na aula. Como observa Savater (2007 apud Martín Barbero, 2007):

> (...) nem os livros, por melhores que sejam, nem os filmes, nem toda a telepatia mecânica, mas sim o semelhante que se oferece corpo a corpo para a devoradora curiosidade dos jovens, essa é a educação humanista, a que desentranha criticamente, em cada procedimento escolar, seja este livro, filme ou qualquer outro instrumento de comunicação, o bom que existe no mau e o mau que se esconde no mais sublime, porque o humanismo não pode ser lido nem decorado, mas sim contagiado, e, seja como for, os livros nem têm culpa, nem são a solução.

Nesse ponto, queremos registrar que a solução atual sobre essa questão parte, frequentemente, de um esquecimento significativo da história dessa linguagem.

Na realidade, a abordagem desse debate sobre o potencial educativo do cinema não é fruto de nossa época. A educação cinematográfica se propôs como disciplina fundamental durante os anos 1920 e 1930, quando o cinema ainda estava lutando para se libertar da imagem de espetáculo de feiras e estava conseguindo se colocar definitivamente como a sétima arte.

O pós-guerra espanhol apostou no enorme potencial educacional da linguagem audiovisual e mostrou o lado negro do dirigismo cultural e educacional, no quadro de uma ditadura e de um estado não democrático, sem garantias de liberdade individual e coletiva.

A recuperação da democracia na Espanha não trouxe com ela a recuperação de uma tradição importante de cultura cinematográfica e audiovisual, nem na Catalunha. As novas leis da educação, nascidas com a revolução digital, levaram a uma mudança na orientação educacional e cultural.

Na realidade, as humanidades e a cultura perderam o lugar de destaque no currículo, e se apostou grandemente na educação científica e tecnológica. No campo da leitura da imagem, parecia que só as Tecnologias da Informação e da Comunicação (TIC, hoje TAC, tecnologias do aprendizado e do conhecimento) eram a solução de todos os problemas. Passou-se, da educação cinematográfica, à educação em — novas? — tecnologias.

Apenas quando diminuiu o fascínio pelos aparelhos, quando não pela rede, e suas possibilidades, foi verificada a necessidade de recuperar a formação básica na cultura cinematográfica e na linguagem audiovisual entendida como alfabeto, por meio do qual é possível dialogar e com o qual, graças a essas TICs, é possível, hoje, expressar-se com facilidade.

Como se pode observar no discurso que introduz a visita ao Museu do Cinema em Girona, o importante dessa linguagem é que ela combina, ao mesmo tempo, o como e o que se pode contar, história, sentimento, narrativa, aventura, ficção, para que e para quem.

> Para que a pluralidade das culturas do mundo seja levada em conta politicamente, é indispensável que a diversidade de identidades possa ser contada, narrada. Contar significa tanto narrar histórias quanto ser levado em conta pelos outros. O que implica que, para sermos reconhecidos, precisamos contar nosso relato, pois não existe identidade sem narrativa, já que esta não é apenas expressiva, mas também constitutiva do que somos (Martín Barbero, 2007).

NEM TODO CINEMA É ARTE. EDUCAR O GOSTO

Quando Teixeira Coelho diferencia arte e cultura e insiste que nem tudo é cultura, resume o debate que tem perseguido sempre o mundo do cinema. Linguagem artística, soma de tantas artes como música, fotografia, movimento, literatura, pintura, teatro e hoje, além disso, consumo cultural ou simplesmente consumo por excelência em qualquer de seus formatos e através de qualquer dos milhares de telas possíveis. Essa discussão sempre esteve presente nos cursos e seminários com o professorado.

Para superar a fase dos debates e ir adiante com a questão, e como conclusão desta análise, propomos partir da ideia, roubada do professor Teixeira e da filósofa catalã Victoria Camps, de que a chave é a educação do gosto.

O gosto, esse tema central da cultura e da política cultural que, apesar de tudo, continua ficando à margem (Teixeira Coelho, 2004).

Não acho que seja difícil aceitar a ideia de que o gosto — não falando de bom ou mau — pode ser educado. Por que gostamos de ler, ouvir música, o cinema ou uma obra de arte? Poderíamos gostar da mesma forma se não tivéssemos sido treinados para gostar?... O sentido do gosto pode ser educado, é fruto de um aprendizado. O que não impede que uma criança desenvolva mais do que outra o interesse pela leitura, a música, o futebol, as roupas de marca ou os hambúrgueres. Não somos iguais, mas não podemos gostar daquilo que nunca vimos nem experimentamos (Camps, 2009).

O gosto está diretamente vinculado ao aprendizado individual e à "ampliação da esfera do ser" (Montesquieu apud Teixeira Coelho, 2004) e tem, por isso, um caráter universal, antropológico, pois é próprio da espécie humana.

Em segundo lugar, a educação do gosto está claramente relacionada com o desenvolvimento da parte lúdica do aprendizado. Educar o gosto por dançar, cantar, pesquisar, analisar, descobrir, tocar um instrumento, pintar, desenhar, modelar, dirigir etc. é conseguir aquilo que, para o professor, parece hoje impossível: motivar, ganhar a batalha contra a falta de vontade e contra a inação. São muitos os autores que apontam a falta de motivação como o grande obstáculo nas salas de aula, nas casas e na sociedade atual. O desencanto a que levou o excesso de racionalismo, a obsessão pela eficiência e pela rentabilidade e a falsa perspectiva de futuro tomaram conta inclusive dos jovens. Em nossa opinião, recuperar o gosto pela experiência cultural, em todos os sentidos, é um bom objetivo.

CINEMA, SOCIEDADE E CULTURA. EDUCAR A RESPONSABILIDADE

Que o exemplo do cinema sirva, então, como arte, como referente cultural, como jogo para motivar o aprendizado e como alfabeto indispensável para conviver em uma sociedade globalizada em que a criatividade se mostra essencial.

Com isso, façamos constar que, inclusive a partir das posições que continuam defendendo a prioridade da escola como espaço de formação de futuros trabalhadores e de capital humano, é indiscutível que a prática cultural e artística contribui para potencializar essa capacidade criativa vinculada à inovação que é tão requisitada, hoje, pelo mundo dos negócios e das empresas.

Além disso, porém, o cinema ou os meios de comunicação são importantes porque estão diretamente associados aos novos perfis profissionais que, em grande parte, orientam-se para o setor da mídia e das indústrias culturais, isto é, para o trabalho.

Finalmente, porém, acrescentaremos a essa conclusão que entendemos que o cinema é tão ou mais importante porque é um espaço de liberdade individual e coletiva.

Nesse ponto, insistimos em vincular o cinema e os meios audiovisuais à outra estratégia que apontávamos no começo deste artigo: a apropriação social dos meios audiovisuais de comunicação é a única garantia de ir adiante na consolidação das democracias e da cidadania cultural em boa parte de nossos países.

Nesse sentido, partilhamos da opinião de Vázquez Montalban (2000): "No capítulo positivo, acredito que poucas vezes tínhamos sido tão livres para repensar a realidade; em compensação, poucas vezes estivemos tão ameaçados pela capacidade de um sistema de impor, tão impunemente, verdades uniformizadoras".

Não podemos esquecer que, em alguns contextos, os novos ditadores estão reinventando, com sucesso, a fórmula já denunciada por G. Orwell (*1984*)[8] ou por F. Truffaut (*Fahrenheit 451*)[9]: o desconhecimento traz felicidade. O fascínio que a tela de cinema exerce em qualquer indivíduo tem, nesse sentido, uma vertente positiva, lúdica e estética e que pode motivar o aprendizado em geral.

Na chave social, entretanto, e devemos considerá-lo do ponto de vista das políticas culturais e da educação, o controle de seu potencial não pode ficar em mãos de alguns poucos, se não quisermos repetir certos erros históricos.[10]

Tradução de Ana Goldberger

---

[23] Romance de G. Orwell publicado em 1949 e levado à tela do cinema em várias ocasiões, entre elas, em 1984, por Michael Radford.
[24] Romance de Ray Bradbury publicado em 1953 e levado à tela do cinema em 1966 por F. Truffaut.
[25] No dia 1º de agosto, o presidente da Venezuela anunciava sua lei de controle político sobre os meios de comunicação e também, e essencialmente, audiovisuais.

REFERÊNCIAS BIBLIOGRÁFICAS

CAMPS, Victoria. *Qué hay que enseñar a los hijos*. Barcelona: Proteus, 2009.
DA SILVEIRA, Pablo. "La educación siempre llega tarde", in *Pensar Iberoamérica*, n. 3, fev.-maio 2003.
HAUSER, Arnold. *Historia social de la literatura y el arte*. s.l., s.n., 1951.
LÉVY, Pierre. *L'intelligence colective. Pour une antropologie du cyberespace*. Paris: La Decouverte, 1995.
MAESTRO, Carmen. "La educación española: retos de futuro y propuestas de mejora", in *Revista Abaco*, 2ª época, n. 55-56, 2008.
MARTÍN BARBERO, Jesús. *Culturas y comunicación globalizada*. Bogotá: s.n., 2007.
_____ et al. *La razón técnica desafía a la razón escolar*. Bogotá: s.n., 2005.
MARTINELL SEMPERE, Alfons. *Las relaciones entre políticas culturales y educativas: una reflexión entre la necesidad y la dificultad*. Girona: s.n., 2001.
MONTALBÁN VÁZQUEZ, M. *Historia y comunicación social*. Barcelona: Mondadori, 2000.
MORIN, Edgar. *On va el món?*. Barcelona: Editorial l'Arquer, 2009.
RICART I MASIP, Marta; SAURÍ, Eric. *Processos creatius transformadors*. Barcelona: Edicions del Serbal, 2009.
RODRÍGUEZ DE LAS HERAS, Antonio. "Las Tic en la educación: un proceso complejo", in *Revista Abaco*, 2ª época, n. 55-56, 2008.
SAVATER, F. "Opinion", *El País*, Madri, 5 abr. 2001, in MARTÍN BARBERO, Jesús. *Culturas y comunicación globalizada*. Bogotá: s.n., 2007.
TEIXEIRA COELHO. *Introducción a la gestión cultural*. UIB, s.l., 2004.

ARTE, CIÊNCIA E CORPO:
PARA UMA RECONCILIAÇÃO DO PENSAR E DO SENTIR

Lucina Jiménez

REFORMA DA EDUCAÇÃO E CONFLITO INTERCULTURAL

O México, assim como outros países da América Latina, trava intensos debates em torno da educação, considerando os resultados das avaliações internacionais que indicam quão profundo é o chamado fracasso escolar. Este não é mais do que a expressão do fracasso social, se pensarmos que, mesmo aqueles que conseguem concluir uma formação profissional, dificilmente irão encontrar trabalho em sua área, se considerarmos que a idade da evasão escolar corresponde à da incorporação de crianças e adolescentes à violência e à droga.

Mesmo que, cada vez mais, se faça alusão aos fatores culturais que rodeiam o ensino e a aprendizagem, as reformas na educação ainda não chegam a encontrar os pontos de interseção entre educação e cultura no sentido geral, nem em relação às artes como campo válido de conhecimento. A cultura não se limita às artes, a cultura é uma rede de significados que está na base das relações sociais dentro e fora das escolas. A dimensão estética da vida cotidiana de milhões de pessoas, entre elas crianças e adolescentes, também está presente, mas a falta da formação do gosto faz que este fique limitado ao âmbito do mercado e, muitas vezes, do mercado negro: as antologias de discos e livros digitalizados vendidos no metrô por pouco dinheiro, os repertórios oferecidos pela pirataria nas ruas, as novelas, os filmes de ação ou de guerra de Hollywood.

A chamada Reforma Integral da Educação Básica (RIB) fixa um enfoque baseado no desenvolvimento de aptidões e na procura pelos quatro saberes definidos pela Unesco: saber ser, saber fazer, saber conhecer e saber conviver. O processo mencionado começou há vários anos. Primeiro, foram reformados os planos e programas do estudo na pré-escola, depois os da secundária, e agora trabalha-se intensamente nos da primária (1º ao 6º ano).[1]

---

[1] No Brasil, não há mais a divisão que existia entre primário (1º ao 4º ou 5º ano) e ginásio (mais quatro anos), fazendo tudo parte do Ensino Fundamental. (N.T.)

A criação do consenso social quanto à RIB não esteve isenta de contradições e desencontros entre os setores acadêmicos e os desenvolvedores dos mapas curriculares, em torno dos enfoques, das orientações e das maneiras de assumir o conhecimento e as relações entre as ciências, a arte e as humanidades em geral, bem como sua manifestação em programas e livros didáticos.

Em essência, diz Rosa María Torres, do Equador, a maioria das reformas se parece muito: põe o foco no currículo, na didática, nos materiais, nos perfis dos docentes e na gestão escolar e muito pouco nas necessidades, características, inquietações e contextos dos protagonistas da aprendizagem. Por isso, rapidamente muitos países enfocam os mesmos elementos técnicos referentes aos sistemas educacionais, mas não os processos culturais e propriamente civilizatórios em que estamos. Se colocarmos em debate as tensões que rodeiam a natureza do propósito comunicativo na relação professor-aluno, a mudança nas estratégias do conhecimento e compreensão do próprio mundo e do mundo externo, o que significa ler e escrever no século XXI, a necessidade de romper com a excessiva disciplinarização da escola, a influência de novas comunidades de aprendizado e as condições e conflitos que a diversidade cultural cria nas aulas, bem como os vínculos entre arte, cultura, ciência e conhecimento, é possível que deixemos de falar de reforma, porque, como seu nome indica, o próprio conceito alude apenas a uma dimensão formal, relacional das partes, e não propriamente a uma mudança de sua natureza.

Sabemos que toda mudança profunda nos sistemas educacionais é complexa, que os processos são lentos e que desmontar uma estrutura centralizada e que opera de maneira sistêmica não é nada fácil. Inclusive, pressupõe uma grande responsabilidade e um compromisso de caráter acadêmico e ético. É possível, entretanto, que, ao levar em consideração esses e outros pontos de tensão, em vez de falar de uma nova reforma, tenhamos que começar a criar uma transformação de raiz, cujo ponto de nascença é o que agora conhecemos como organização do conhecimento e das relações no interior do sistema educacional, para deixar lugar não só para outra forma, mas também para outra essência.

Neste ensaio, proponho explorar a forma como se manifestam atualmente alguns conflitos interculturais na educação básica e especialmente aqueles derivados da negação das culturas corporais e musicais de milhares de meninos, meninas, adolescentes e jovens, bem como insistir na necessidade de repensar as relações entre arte e ciência e numa possível reconciliação entre o pensar e o sentir na formação básica, a partir de um caso experimental: o programa "Aprender con Danza", que o Consorcio Internacional Arte y Escuela A.C. (ConArt) distribui para mais de três mil meninos e meninas nas escolas do Centro Histórico da Cidade do México.

A negação da corporalidade e da musicalidade e as tentativas fracassadas de trabalhá-las a partir da música e da dança inserem-se num debate inacabado e, em geral, pouco sistematizado, que é o lugar e a função das artes na educação básica, não sendo estas, ainda, uma área do conhecimento legitimado e formalizado em suas abordagens epistemológicas e pedagógicas, e entre as quais existe também uma falta de conexão com as culturas juvenis e uma negação da diversidade cultural nos sistemas escolares, mas também nos sistemas não formais da educação artística e nos espaços institucionais vinculados à prática artística, dado que um academicismo imaculado ou uma visão etnocêntrica ocidentalista obscurecem o prisma com que se olha a diversidade cultural nas culturas dos jovens.

O fato de que, na escola, as artes ainda não são consideradas como uma área do conhecimento tão legítima quanto a ciência repercute, no caso do México, em que a perspectiva da articulação dos doze anos de educação básica, considerada fundamentalmente como uma formação para a vida, carece de uma visão cultural indispensável para reconsiderar o processo educativo e seus vínculos com as práticas cotidianas de cerca de 25 milhões de meninos, meninas, adolescentes e jovens.

Apesar de sua riqueza e tradição culturais, o México conta com poucos especialistas em arte-educação com foco na educação básica (pré--escolar, primária e secundária); as escolas profissionais de arte não formam docentes para o sistema educacional, nem as escolas de formação inicial de professores contam com as já mencionadas formações. Estão disponíveis poucos professores de artes nas escolas e, até hoje, embora exista uma consciência (em nível formal) cada vez maior de que as artes devem ocupar um lugar mais importante na formação do sujeito educante, a verdade é que ainda estamos longe de estabelecer um discurso congruente, articulado e transversal, que fomente um diálogo de conhecimentos entre as ciências, as humanidades e a cultura, as artes como parte desta, dentro da escola.

Na verdade, até hoje não se conseguiu consolidar uma proposta que equilibre e articule os conhecimentos, as emoções e os afetos e que forneça à escola uma dimensão cultural indispensável e ineludível em nossos dias. E ainda: os enfoques dados às artes em cada nível são diferentes entre si. Na pré-escola, fala-se de "expressão e apreciação artísticas"; no secundário de artes; e no primário de educação artística.

Por outro lado e pouco relacionado com a reflexão sobre as artes, discute-se como e a partir de onde articular os conhecimentos e experiências relativos ao patrimônio cultural e à diversidade, o que se tenta relacionar com o civismo ou a geografia ou com as políticas do bilinguismo, dado que hoje em dia existem mais de 62 idiomas indígenas que não têm o reconhecimento oficial, mesmo que, em nível constitucional, o pluralismo cultural do México tenha sido reconhecido.

Embora não possamos deixar de reconhecer que as artes estão consideradas de maneira relevante na educação pré-escolar, antes da alfabetização e também no secundário, em que passaram de matéria complementar a matéria curricular, o que dobrou o tempo destinado a elas (passou de uma para duas horas), sua presença não significa, em si mesma, ter ganhado mais pertinência e viabilidade.

Ainda existe a dicotomia de incorporar as artes como "complemento", como a parte "nobre" do currículo, como "trabalhos manuais", como elemento apenas "expressivo", ou então como um instrumento, procurando ensinar arte para aprender outra coisa.

Enquanto a fragmentação do conhecimento reina no currículo e na maneira como se encara a reforma, as classes vivem conflitos interculturais inéditos, que são influenciados não só pelos mapas culturais que a migração desenhou nas cidades, como também pelos desencontros estéticos ou culturais protagonizados também pelos que aparentam ser iguais. Diante desses conflitos, os docentes e outros agentes da educação não têm a compreensão ou as ferramentas necessárias para interagir com práticas culturais e formas de atuação de uma geração radicalmente diferente das precedentes.

Quando falo em conflito cultural, não estou me referindo apenas ao surgimento de múltiplas tribos de jovens, muitas delas também estereotipadas a partir de seu desconhecimento, mas, sim, às identidades múltiplas e às novas linguagens, formas e espaços de relacionamento e aprendizado que milhões de adolescentes estabelecem sem a antiga mediação de seus pais, suas famílias ou seus professores, os quais não podem encontrar as chaves de sua articulação.

Confrontam-se com estratégias de contenção ante os jovens para os quais já não funcionam os velhos sistemas de relacionamento ou de ensino, nem os de autoridade que antes costumavam criar uma "disciplina" dentro das escolas. A escola e muitas outras instituições culturais estão de costas para as identidades culturais, as redes e as narrativas em que se movimentam adolescentes que constroem comunidades físicas e virtuais.

A crise da escola como comunidade única ou principal do aprendizado, é ampliada pelo ensino de conhecimentos alheios à prática cotidiana e aos contextos culturais dos jovens. Essa falta de conexão faz que muitos deles não entendam nem deem valor ao que recebem na escola, ainda mais sob as relações hierárquicas, mediadas pelo velho paradigma da comunicação emissor-receptor, quando muitos deles já não estão acostumados a ler da esquerda para a direita, de cima para baixo, nem estão familiarizados com as sequências lineares ou com a repetição, mas sim com a imersão, a interatividade e a intermitência em razão de estarem expostos à televisão e aos video games e a seu pequeno tempo de concentração. O fato de que estão acostumados a isso não é garantia de que possam exercer um juízo analítico ou relacional.

IDENTIDADES E COMUNIDADES CULTURAIS NA ESCOLA

Geralmente se fala dos movimentos e das tribos dos jovens como o fenômeno mais visível das culturas dos jovens. Entretanto, a diversidade cultural opera em dimensões muitas vezes desconhecidas ou inesperadas, e é suficiente aparecer nas aulas para observar e escutar, e a partir de uma postura de construção coletiva do conhecimento e da experiência, estabelecer uma conexão com as culturas de nossos jovens urbanos.

ConArte, a associação no México de que sou diretora e que distribui o programa interdisciplinar Aprender con Danza para mais de três mil meninos, meninas e adolescentes nas escolas do Centro Histórico da cidade do México, tem 25 professores, todos eles bailarinos e músicos profissionais, que foram selecionados por meio de testes e formados para poder interagir com estudantes do primário e secundário. Em um escritório de nosso Programa Interdisciplinar contra a Violência na Escola (Pive), comentava-se que o meio acadêmico no México deu destaque para os emos, darks, punks e outras tribos ou comunidades culturais que fazem parte da classe média; quando se fala, entretanto, de identidades culturais no Centro Histórico da Cidade do México, pensa-se mais nos reggaetoneiros, os tibiriteiros e sonideiros, os Colombianeiros, os San Juditas e os Adoradores da Santa Morte.[2] Suas identidades estão fortemente influenciadas por sua atribuição a uma prática corporal e musical, bem como às práticas religiosas e cerimoniais populares.

[2] Relacionados respectivamente às músicas do gênero reggae, tiribitero, sonidero.

Os planos e programas de estudo centralizados e uniformes apontam, entretanto, no sentido de que, no primeiro ano do secundário, os adolescentes devem estudar as danças tradicionais, até chegar, no terceiro ano do secundário, às danças urbanas. É bem possível que até então já os tenhamos perdido. O secundário tem um alto índice de evasão escolar.

Derivada do predomínio do enfoque racionalista, cartesiano e cientificista, a maioria dos sistemas educacionais, e o mexicano não é exceção, negou a importância da corporalidade, mesmo quando, mais propriamente, ela foi escolarizada e disciplinada para uniformizá-la. Separado o corpo do pensamento e o saber do sentir, as emoções e sua expressão no corpo de milhões de adolescentes tornaram-se uma área tabu que hoje é discutida apenas em consequência dos alarmantes índices de obesidade de muitos países. O México já ocupa o nada honroso segundo lugar, depois dos Estados Unidos.

O corpo é um território de memória emocional, de história afetiva, mas também a objetivação dos esquemas mentais de autodefinição cultural e cognitiva. A escolarização inconsciente do corpo implica o exercício de uma forma de disciplinamento que, no fundo, pode chegar a ser tão ou mais opressiva do que qualquer outra forma de dominação cultural. Talvez implique a mais profunda e a menos percebida, socialmente falando, porque corresponde à síntese e à conclusão do ser e do sentir.

O CORPO COMO EXPRESSÃO DO PENSAMENTO

A religião católica e o pensamento cartesiano deixaram um legado de dissociação da pessoa. A pureza do espírito e a maldade do corpo perseguido, negado, seccionado. A ênfase na cultura racional privilegiou o trabalho puramente intelectual e, aparentemente, deixou de lado a educação corporal. Entretanto, os progressos na neurociência e na psicologia gestaltiana propõem a reconsideração da unidade da pessoa e a indissolúvel união entre mente e corpo.

As novas maneiras de entender a psicomotricidade fazem, da união mente-corpo, uma unidade de cuja adequada interação depende não só da construção das noções de tempo e espaço na criança, mas também da possibilidade de estabelecer um relacionamento com o mundo dos objetos e com os outros.

O corpo é o referencial do tempo e do espaço, que são duas noções básicas em que se apoia a organização da lógica, em que se apoia o possível aprendizado da leitura e escritura, das matemáticas e a adaptação da criança a seu meio ambiente; porém, mais do que tudo, a apreensão de seu mundo interior (Tomás, 2004).

Na visão de Piaget, o desenvolvimento da inteligência aparece a partir da experiência motora, durante a etapa do desenvolvimento sensório--motor da criança. É a ação e o movimento, a experiência corporal e objetual que permitem, mais tarde, o pensamento operacional e a representação. Nesse sentido, é estabelecido um vínculo fundamental entre o motor e o cognitivo — eu diria que, não só cognitivo, mas também com a subjetividade mais profunda da criança.

Segundo Ajuriaguerra e Warron, o estado tônico muscular guarda uma íntima relação com os estados emocionais. A falta de tônus muscular adequado é sintoma de estar descontrolado no âmbito emocional. O fracasso escolar transmite uma série de emoções que, da mesma forma, alojam-se no corpo e no sistema de valores referente a como veem a si mesmos os meninos e as meninas. Aqueles que vivem em estado de angústia apresentam dificuldades em suas formas de relacionamento e integração escolar e, em não poucos casos, essa raiva ou sentimento de ira ou de frustração é convertida em violência.

No desenvolvimento escolar, são fundamentais elementos como o lidar com as emoções, a maturação da lateralidade, o tônus, o ritmo, a espacialidade e a temporalidade, a visomotricidade e a coordenação, tanto para a escrita quanto para a leitura. Muitas atitudes das crianças na classe, como distração, instabilidade, calma exagerada, passividade, lentidão, falta de atenção ou agitação, bem como uma falta de contato com seus colegas de classe ou mesmo a tendência a desorganizar o jogo dos outros, estão relacionadas a esse descontrole no âmbito emocional, físico e cognitivo.

As condições de precariedade com que meninos e meninas entram na escola impõem, aos professores, a necessidade de contribuir para a maturação da formação afetiva, emocional e sociocultural dos meninos e meninas, o que está vinculado, de modo efetivo, à liberação dos processos cognitivos e à capacidade de relacionamento, autodefinição, convivência, expressão e execução.

Concebemos o ensino da dança como uma exploração entre diversas qualidades de movimento, que devem estar de acordo com o desenvolvimento psicomotriz de cada etapa do crescimento, a partir de uma gramática vinculada à linguagem do movimento e sua escrita no espaço, em sua interação com uma arquitetura musical que pode ser transformada na interação mútua entre professores e alunos e entre ambas as linguagens.

Por isso, o debate da formação docente, das didáticas e dos materiais, não pode ser empreendido sem que, antes, tenha sido estabelecido qual é o enfoque a partir do qual são propostas as artes no currículo e na vida cotidiana de milhões de jovens, que também não são convocados pelas infraestruturas culturais e artísticas das cidade. Qual é o ponto de partida do aprendizado das artes? Para quem? Com que objetivo? Partindo de qual enfoque?

Nenhuma didática pode ser padronizada, porque toda proposta didática depende da metodologia em que está inscrita. Nenhuma didática pode, por si mesma, provocar os resultados cognitivos, afetivos ou artísticos desejáveis. A didática pode e deve mudar a partir das necessidades e do estado de espírito dos estudantes, a partir da experiência e, inclusive, do estilo do professor, pela procura de objetivos intermediários etc.

O DEBATE EM TORNO DO CONHECIMENTO

O século XXI é protagonista de profundas mudanças de caráter propriamente civilizatório em que são postos em dúvida os parâmetros reconhecidos de elaboração do conhecimento, antes atribuídos apenas à ciência. Da mesma forma, fizeram explodir as fronteiras da escola porque as comunidades de aprendizado se expandiram até colocar a escola em desvantagem ante a outros espaços de aprendizado.

Não podemos mais contar com uma única forma de racionalidade, a partir da qual o cidadão possa se mover na sociedade atual. As novas formas de construção do conhecimento supõem uma maior consciência da complexidade (Morin, 2000), bem como uma grande diversidade de ângulos da inteligência (Gardner, 2005). A escola, entretanto, como sistema fechado e generalizador, entrou em contradição com os modos atuais de ensino. A prioridade ainda não é o aprendizado, porque, quando não se leva em consideração a cultura das crianças e adolescentes, esse ensino aparece como elementos isolados, fragmentados e disciplinares, que se expressam como alheios ao sujeito do aprendizado.

A racionalidade própria da modernidade, que supõe uma única forma de conhecimento linear atribuída ao chamado método científico, viu-se profundamente questionada também pelo reconhecimento de novos processos cognitivos surgidos a partir da criação da imagem e da construção de redes tecnológicas. A sequencialidade, a repetição e a experimentação como única forma de construção e ratificação do conhecimento são postas em dúvida (Martín Barbero, 2002).

As noções de certeza tornam-se instáveis, ao passo que a experimentação constitui-se como fonte de aprendizado, não só pela ratificação de hipóteses como também partindo do campo das emoções e do desejo. Em um ambiente tecnologizado, as interfaces digitais e de telas múltiplas dão novo sentido à observação, à experimentação e à imersão, colocando em relevo novas fontes e estratégias cognitivas. Diante da hipertextualidade, a lógica da sequência em que está baseado o ensino na escola e na leitura convencional perde sua eficácia (Jiménez, 2008).

A sociedade da imagem alterou profundamente o sentido e o conceito de representação. Estes deixaram de ser ilustrações, espelhos, imitações e teatralizações presenciais para dar lugar à simulação, à cena virtual e também à conversão em espetáculo da vida cotidiana, porque os relatos e as histórias foram incorporados à mídia e porque a dramatização da vida cotidiana rompe as fronteiras do que, antes, estava destinado apenas aos cenários e à pintura.

Essa mistura do real e do fictício, do científico e do visual, supõe novas capacidades dos cidadãos para relacionarem-se com as referidas formas de conhecimento e estruturação de mundos virtuais e artificiais, para decifrar as novas gramáticas com que são escritos o mundo real e o que é vivido através das telas.

O cidadão do século XXI, e especialmente os jovens nascidos como parte da geração da Internet, desenvolve novas estratégias cognitivas vinculadas à imagem, mas também ligadas a outras formas de apreensão do mundo, conectadas à escuta, ao movimento corporal, à visualidade. Nesse sentido, a experiência estética converte-se em um modo de conformação da visão do próprio mundo e do mundo social.

A arte contemporânea vai adiante em suas dimensões transdisciplinares, não só porque é criada sob estratégias que criam fluxos de dispositivos, símbolos e significados em que a racionalidade da experimentação estética e a tecnológica reintegram-se e transitam de modo indissolúvel, ao passo que a educação básica ainda se mostra balbuciante ante o reconhecimento da arte dentro das formações com que contribui para a educação básica. Nesse sentido, embora seu papel seja reconhecido dentro da formação integral, é considerada como campo complementar, como linguagem, ou, melhor, como espaço de expressão, o que supõe que se desconheçam as contribuições cognitivas e formativas da arte, vista não apenas como linguagem, mas também como campo de conhecimento.

As redes neurais, os video games, a música, o software, partilham entre si a capacidade de criar sistemas auto-organizados, que são estruturados a partir da elaboração de processos ou objetos que abrangem relações não lineares, nem hierarquizadas, a partir de um único ordenamento ou mesmo de relações emergentes capazes de autotransformação (Johnson, 2003).

A flexibilidade cognitiva é um conceito que tem base no trabalho de psicólogos como Spiro, Feltovich, Anderson etc. Refere-se às dificuldades que um indivíduo apresenta para poder aplicar o que aprendeu ao contexto da vida cotidiana. Implica a capacidade da pessoa de poder representar o conhecimento de formas diferentes, a partir de perspectivas múltiplas (Efland, 2004).

Nesse sentido, a falta da flexibilidade cognitiva dificulta a transferência do conhecimento para outros espaços, a redução ou simplificação do que foi aprendido ou, melhor, a aplicação pouco assertiva ou criativa de conhecimentos memorizados porém pouco significativos. Nesse sentido, as dificuldades que as crianças têm nas escolas de educação básica não só estão relacionadas com a natureza do conhecimento recebido e as estratégias de memorização e repetição estabelecidas na educação básica, como também com a falta de relação entre si e sua desvinculação dos contextos culturais, emocionais e afetivos do educando que contribuem para a ausência de eficácia do que foi aprendido.

As artes participam da "construção da realidade" (Efland, 2004), não apenas em termos da representação que aquelas fazem desta, mas também porque, em sua relação com a ciência, contribuíram para a conformação de novos objetos, relações sociais e modos de apreensão do mundo pessoal e social.

As partituras de uma composição musical podem ser fonte de aprendizado de noções em comum com a matemática: fração ou proporção, velocidade, tempo, espaço, valor etc. A história da Revolução e da Independência (do México) tem leituras diferentes a partir dos murais situados nos pátios da Secretaria de Educação Pública ou a partir do romance *Los de abajo*, de Mariano Azuela. Uma peça de teatro pode ajudar a compreender a história.

Mesmo essa visão, contudo, pressupõe que a arte seja um meio para aprender e compreender algum outro conhecimento, questão importante, sem dúvida, dentro da educação básica. Quando está limitada a isso, Eisner (1995) aponta essa tendência como a justificação "contextualista" da arte no currículo, ou seja, o privilégio da presença das artes em função das consequências instrumentais de seu aprendizado, em contraposição à justificativa da arte no currículo com base no reconhecimento da natureza própria da arte, na valoração da "experiência e do conhecimento humanos que só a arte pode oferecer; enfatiza o que a arte tem de próprio e único" (essencialista).

Dentro do primeiro campo, a justificativa contextualista da arte no currículo pode ser orientada para a educação e para o uso do tempo livre (Vasconcelos ressaltou essa função da educação estética). Outros atribuem à arte uma função terapêutica liberadora das emoções; outros, ainda, apontam a necessidade da arte para impulsionar o desenvolvimento do pensamento criativo; outros acham que a arte ajuda a compreender melhor as disciplinas acadêmicas — nesse sentido, ela é tomada como mediadora de conceitos. Em outros casos, a arte é valorizada no currículo a partir de uma base psicológica e vinculada ao desenvolvimento geral da criança. Entretanto, o próprio Eisner (1995) também sugere que "o valor principal das artes na educação, ao fornecer um conhecimento do mundo, traz uma contribuição única para a experiência individual".

A arte, no currículo da educação básica, pode ser considerada a partir de outro enfoque cognitivo capaz de gerar conhecimento do mundo natural, científico-técnico, social, afetivo e cultural. A obra artística é um mundo que engloba uma grande quantidade de experiências, diz Imanol Aguirre (2005), seguindo Dewey, e, nesse sentido, contribui para gerar novas relações e formas de aprendizado significativo dentro da própria experiência de milhares de crianças que vivem nas fronteiras das culturas urbana.

A imaginação e a criatividade têm sido entendidas como próprias dos criadores, pesquisadores, cientistas e outros profissionais; Vigotsky, entretanto, estabelece, na perspectiva do construtivismo, que elas são próprias de todos os seres humanos e representam um papel importante na criação do conhecimento científico, técnico e artístico.

Nesse sentido, "a atividade criadora da imaginação é diretamente proporcional à riqueza e variedade de experiências acumuladas pelo homem, porque essas experiências são o material com que ele ergue seus edifícios, a fantasia. Quanto mais rica for a experiência humana, maior será o material de que dispõe essa imaginação (...)" (Vigotsky, 2003).

A arte como experiência gera, entre as crianças, não só o conhecimento das regras, dos procedimentos e das qualidades das diferentes formas de criação, análise ou interpretação da arte, como também a capacidade de autoconhecimento e de relacionamento com outras experiências do aprendizado e da relação consigo mesmo e com os outros.

A fantasia não está em oposição à memória, aponta Vigotsky: "apoia-se nela e distribui seus dados em novas combinações". A imaginação tem uma função criadora e cognitiva. Aproximar-se de uma história ou de uma obra de arte acarreta um processo cognitivo que não se limita à repetição, à memorização ou à representação, mas, sim, pressupõe o desenvolvimento de novas combinações que produzem formas diferentes de conhecer.

A união de imaginação e realidade pressupõe a criação de imagens, ideias, impressões e atitudes que estão de acordo com o estado de espírito que é gerado por essa relação. Nesse sentido, os sentimentos criam um dispositivo apropriado ou não apropriado para o aprendizado e o desenvolvimento de certo tipo de pensamento. Um contexto de raiva, de violência, de medo ou de tristeza dificilmente vem junto com um estado de alerta para o aprendizado, para as descoberta de novas relações entre dados, informações, contextos.

Nesse sentido, a reconciliação entre pensar e sentir constitui um dos desafios da orientação da educação básica e do equilíbrio dos conhecimentos trazidos pela escola.

Na escola básica, a arte precisa ligar-se à experiência, à afetividade e aos sentimentos das crianças e adolescentes, para que tenha um sentido transformador da pessoa, do sujeito do aprendizado, bem como das relações sociais presentes na classe, no ambiente escolar e, também, entre a escola, a família e a comunidade. Só assim ela pode adquirir, no currículo, um caráter de formação e não de entretenimento, de trabalhos manuais, de complemento — até mesmo, apenas, de expressão.

O enfoque da arte como linguagem, embora permita a afirmação de novos processos de diálogo, a liberação da expressão e a manifestação artística como atividade, não está completo se não é reconhecido o caráter cognitivo da arte e sua possibilidade de agir de maneira transversal e integradora do conhecimento através da experiência. Isso suporia uma nova organização do conhecimento que não se limite às visões das disciplinas, nem mesmo das artes dentro do currículo.

A excessiva disciplinarização dos ambientes escolares, incluídas as artes, pressupõe um freio à exploração das atuais características culturais de jovens e crianças que vivem em contextos híbridos, ecléticos, sujeitos a comunidades de aprendizado tão diversas que excedem em muito a escola; estas estão profundamente relacionadas com a comunicação audiovisual, com a música, com as culturas do corpo em que são expressadas não só as emoções e a história pessoal, mas também a forma como são pensadas, como são percebidas e como se relacionam, com o mundo exterior, milhões de estudantes da educação básica.

Se a arte favorece o autoconhecimento e estimula um estado de espírito capaz de mobilizar a energia e o desenvolvimento de processos cognitivos flexíveis, de certa confiança para movimentar-se dentro da instabilidade, da incerteza, do provisório, do efêmero, do polissêmico, do emergente ou com fluxos descontínuos, cuja lógica não se encontra na sequência, mas na simultaneidade ou na desordem e complexidade, então ela pode representar um papel fundamental no currículo de uma escola de educação básica que deseje contribuir para gerar novas estratégias de aprender a aprender, aprender a ser, aprender a conhecer, aprender a conviver e aprender a fazer.

É possível que, nesse sentido, a arte na escola não deva ser tomada como conhecimento alheio ao resto dos aprendizados, que as aptidões para que a arte contribua não se limitem apenas à questão vinculada às técnicas e aos materiais que implicam fazer algo, mas que devam estar estruturadas no currículo de modo a fertilizar o desenvolvimento de habilidades e aptidões vinculadas também ao autoconhecimento (ser), à relação e comunicação por diferentes meios com seus semelhantes (conviver), a aplicar o que foi aprendido em muitos outros campos (conhecer).

A ruptura de fronteiras entre as ciências, as humanidades e as artes, própria do século XXI, sugere, às novas propostas de reforma educacional no México, romper com as visões disciplinares próprias da modernidade, para procurar visões transversais que permitam conectar conhecimentos, experiências e saberes. Os saberes lógico-simbólicos, históricos, socio-afetivos, estéticos e culturais tornam-se indispensáveis para a construção da pessoa, um dos objetivos fundamentais da educação básica.

Conforme Jesús Martín Barbero e Lucina Jiménez, a revolução tecnológica provocou mudanças significativas nas linguagens, nas escritas e nas narrativas, bem como na natureza e nos contextos em que é produzida a leitura, a escrita e a compreensão do mundo. "Isso acarreta a necessidade de procurar a articulação de conhecimentos especializados com aqueles outros que são provenientes da experiência social e das memórias coletivas" (Martín Barbero, 2003).

A escola teve, como missão, a "transmissão" do conhecimento, o que supõe uma estratégia pedagógica e de comunicação baseada em um modelo que entrou em crise, não só porque o conhecimento, agora, desloca-se a partir de estratégias baseadas mais na "interatividade", mas porque as comunidades de aprendizado expandiram-se, transcendendo a escola como única fonte de formação. As formas lineares de pensamento são substituídas por aquelas de caráter rizomático, que não partem de um tronco para em seguida diversificar-se, mas sim se conectam e nascem de qualquer nó (Jiménez, 2008 e 2009).

Desse ponto de vista, perde peso o debate do número de horas dedicadas à educação artística, apesar de que, com efeito, teria um peso maior ao longo de todo o currículo, sem estar isolada em uma sala de aula marginal. Da mesma forma, também é relativizado o debate sobre qual arte ensinar. As misturas culturais vividas, hoje, por crianças e jovens, a perda das fronteiras entre as diferentes formas culturais — antes chamadas de massa, populares, cultas etc. — fazem que o currículo possa incorporar, sem conflito, a exploração das culturas próprias, e também os elementos culturais e artísticos próprios de contextos translocais e não territorializados.

CORPO E DIVERSIDADE CULTURAL

Como este debate afeta o corpo e com ele se relaciona?

Um primeiro elemento que se deve destacar é que a educação permaneceu alheia, em muitas sociedades, ao reconhecimentos do corpo como expressão e conclusão do pensamento individual e social. Apesar de se constituir em um dos territórios mais atacados a partir de todos os campos do pensamento, da comunicação, da publicidade e da privatização, o corpo tem sido negado como espaço de educação ou de reeducação, apesar de que, desde Piaget, existe uma nítida relação entre a psicomotricidade e o desenvolvimento dos processos cognitivos.

Ensinar ou aprender dança na escola pode não ser garantia de nada. Faz pouco tempo, uma professora que ensina dança no primário me perguntou: o que é a dança no México? É folclore, o dançon, a salsa, o reguetão, o que é? Na verdade, atrás da pergunta estava oculta outra, mais precisa, que ela mesma desenvolveu: Qual é a tradição de dança que deve ser ensinada na educação básica do México? Mas sua pergunta era comparativa: nos Estados Unidos, a tradição de dança está mais ou menos clara e o ensino da dança, nas escolas, é congruente com essa tradição.

A pergunta surge como contraposição ao ensino que, faz trinta anos, o National Dance Institute adotou em Nova York, baseado na metodologia que explora a dança a partir de uma colocação construída, antes, pelo imaginário cinematográfico que vincula a dança ao musical.

Jack D´Amboise, ex-primeiro bailarino do New York City Ballet, construiu uma metodologia para aproximar a dança das escolas, tão logo se convenceu de que não era suficiente, para ele, estar nos cenários profissionais. Era preciso formar novas gerações de público e de bailarinos a partir das escolas. Finalmente, sua metodologia não procura formar artistas, mas sim formar pessoas melhores.

Sua perspectiva é reconhecer a diversidade de culturas abrangidas pelos Estados Unidos e a forma como a história cultural desse país alimentou o repertório de dança dessa nação profundamente multicultural.

Em uma sessão, eu o vi falar, ou melhor, dançar sobre o assunto. Com o corpo, ele fez um percurso histórico de como a dança é criada, em volta do fogo, em comunidades indígenas que habitam o território dos Estados Unidos, os ritmos dos afrodescendentes que povoaram as terras trazidos da África como escravos, passando pelas danças tradicionais irlandesas dos que chegaram à terra prometida para construir as ferrovias.

Na base da cultura comunitária do México, a dança e a música desempenham um papel fundamental. Dança-se em praticamente todas as comemorações e circunstâncias da vida cotidiana: para festejar um santo, para celebrar um casamento, um batizado.

Embora, contudo, a cultura escolar considere a dança como uma das práticas comemorativas mais comuns, esta tem se orientado para o que geralmente se chamou de colocação de "dançáveis", especialmente dentro do calendário de comemorações definidas na escola. O repertório que os professores normalistas costumam pôr em prática é o relacionado com o folclore mexicano, que inclui ritmos diversos: polcas, "sones", "jarabes" etc. Isto é, dá-se ênfase a uma perspectiva subordinada ao caráter espetacular, sem que haja a mediação de uma orientação formativa, contextual, de criação própria do movimento contemporâneo.

Na época pós-revolucionária, a dança foi incorporada à escola na vertente do folclore, como um modo de afirmação da identidade cultural de crianças de comunidades diversas.

Não existe uma pesquisa histórica dos antecedentes da dança na escola primária, por isso não podemos dar um enfoque histórico. Esse estado da arte coloca basicamente a problemática teórica a ser resolvida para enfrentar a didática da dança na educação básica. Entretanto, minha resposta para essa professora é que, se é pertinente o enfoque das artes na escola, não tem importância qual tipo de dança seja ensinado. Pode-se abordar as que realizam as crianças nas ruas como material de trabalho para explorar outras tradições. O tema da diversidade adquire relevância, à margem de qualquer nacionalismo, mesmo quando se explora a tradição contemporânea de qualquer país. O hip hop é um movimento mundial. Em suma, trata-se de que as crianças se apropriem das ferramentas de apreensão e compreensão de seu corpo, de seu espaço, e, a partir daí, possam desconstruí-lo e relacionar-se com o espaço dos outros; de que encontrem seu próprio ritmo e seu próprio movimento para conseguir uma expressão própria, mas também uma nova leitura do mundo e outra gramática com que construam suas próprias frases, seus próprios discursos através do corpo no espaço, a partir das arquiteturas musicais que sejam mais próximas de seus interesses, gostos, sentimentos e estados de espírito. Assim, pode-se conseguir o mesmo na música e na dança; nas artes visuais transita-se do local ao translocal, ao contemporâneo, à tradição entendida também como algo contemporâneo, como memória construída no presente.

RESSIGNIFICAR O ESPAÇO INDIVIDUAL E SOCIAL

Termino este ensaio com uma mistura de reflexões próprias com uma etnografia do processo de ensino de Aprender com Dança. Neste momento, adquiro muitas identidades. É a observação, é a prática, é o olhar do professor para as crianças, para os processo. Às vezes, então, sou espectadora do ato educacional, às vezes sujeito, em outras ocasiões expresso aquilo que as crianças propõem, as formas como resolvem suas necessidades e possibilidades de aprendizado. Essa aula opera com um mapa metodológico básico, mas ninguém está obrigado a segui-lo em sequência linear. Cada grupo propõe seus próprios desafios e cada escola caminha num sentido diferente. Parte-se de uma alfabetização do movimento e da escuta musical, conforme o processo vai se desenvolvendo; conforme o aprendizado mais se desenvolve, caminha-se para uma interação de maior complexidade na escrita do espaço e do desenho musical.

Parte-se da necessidade de ressignificar o espaço. Encontrar o espaço individual e, a partir dele, reconstruir o espaço. Minha aula começa com o autorreconhecimento de cada parte de meu corpo, extremidades, pescoço, cabeça, tronco, rosto. Sou uma partícula dentro do universo que é minha sala de aula. Sou autossuficiente, mas movimento-me em relação aos outros. Entro na sala de aula a partir de uma ressignificação do espaço, a partir de um ritual de entrada que sempre é diferente. Tenho um lugar, um lugar que me pertence, dele relaciono-me com o lugar dos outros. Primeiro estou numa linha, logo aprendo a me colocar nas janelas, depois posso desconstruir este espaço, torná-lo diferente, qualquer local pode ser meu lugar. A classe transforma-se num espaço afetivo. Não ridicularizo os outros, errar é parte do aprendizado. Também a professora vai errar. Errar é parte do aprendizado, precisamos errar para superar os desafios.

Encontro meu ritmo próprio, eu o ouço na minha respiração, em meus passos, em meu coração. Tudo na vida tem um ritmo. Há muitos modos de encontrar o ritmo próprio e pessoal. Caminho para a compreensão da estrutura do espaço. O grupo trabalha sempre com as quatro diferentes frentes no conjunto, para que nenhuma criança fique para trás. Posso encontrar variantes, posso influir no ritmo e no pulsar. Recupero a respiração, que é o primeiro impulso vital; aprendo a respirar.

Deitados, todos, no chão, procuramos o alinhamento do corpo. Alongamento próprio de todas as crianças. Girar no chão com o corpo. Ergo braços, agora ergo pernas. Muito bem. Tensionar o corpo alongando. Virando para trás. Como uma panqueca. Barriga para cima. Levanto e estou dormindo, tiro o cobertor e volto a colocá-lo. Fazer o esforço bem que vale a pena. Cada um em seu tempo. Ouvem-se os movimentos difíceis, dois dos adolescentes decidem que não vão fazê-los, argumentam que os joelhos doem. Os outros tentam, para alguns é mais fácil, outros não ficam à vontade deitados no chão. A maioria dos alunos enfronhados em suas calças tem de fazer esforço para conseguir. A música cria um fluxo de emoção. É suave. Em algum momento anterior, o professor levantou-se do piano para fazer um exercício de *body percution*. É o momento de desfazer a ordem, para propor outra ordem. A frase musical é criada no diálogo entre as crianças. Serão quatro oitos para esse segmento do grupo: enquanto você faz esse movimento no quatro e ela retoma em outros quatro, em seguida os dois fazem dois oitos assim e terminam repetindo a frase de cada um em quatro. Erra quando vai fazê-lo, todos riem, não, não, outra vez É assim:

Energia. Braços, estendo, pernas, subo. Encho-me de energia, tiro de mim a preguiça, o mau humor, a crítica, tudo que é negativo. Fico abaixada. Dobro o joelho esquerdo, fico ali. Pés no chão. Só o joelho esquerdo. Tudo para o centro, agora vou para a esquerda. O pé levantado. Cabeça. Pé dobrado, braço oposto levantado, fico assim, e a cabeça vai ao céu.

Meus pés estão ligados às raízes da terra, meus braços, com a amplidão do universo. Encontro meu centro.

Pequena flexão de joelhos, a cabeça é levantada por último. Muitos falam ufff!!! Ou até soltam a respiração de uma vez. Tiram o ar que estavam segurando para levantar. Não me arrumo, já estou bonita, levanto a cabeça, levanto a cabeça, abaixo os ombros. Bravo! Calor e energia nas mãos. Calor e energia nas mãos. Redondo, crio energia. Crio energia. Meu corpo me pertence.

Tradução de Ana Goldberger

REFERÊNCIAS BIBLIOGRÁFICAS

AGUIRRE, Imanol. *El Arte como experiencia*. Barcelona: Octaedro, 2005.
DEWEY, John. *El arte como experiencia*. Madri: Paidós, 2008.
EFLAND, Arthur D. "Teoría de la flexibilidad cognitiva y el aprendizaje artístico", in *Arte y cognición; la integración de las artes visuales en el currículum*. Barcelona: Octaedro-EUB, 2004, pp. 119-230.
EISNER, Elliot W. *Educar la visión artística*. Madri: Paidós Educador, 1995, p. 275.
GARDNER, Howard. *Inteligencias múltiples, la teoría en la práctica*. Barcelona: Paidós Surcos, 2005.
JOHNSON, Steven. *Sistemas emergentes, o qué tienen en coún hormigas, neuronas, ciudades y sofware*. México: Turner-FCE, 2003.
JIMÉNEZ, Lucina. "Cultura, arte y escuela; hacia la construcción del debate", in *Miradas al arte desde la educación*. México: Cuadernos Biblioteca para la Actualización del Maestro, 2003, pp. 79-103.
——————. "Escuela, arte y nuevas tecnologías.", in LÓPEZ CUENCA, Alberto; PEDRAJO, Eduardo Ramírez. *Propiedad Intelectual, nuevas tecnologías y libre acceso a la cultura*. México: Universidad de las Américas Puebla, 2008, pp. 153-171.
——————; AGUIRRE, Imanol; PIMENTEL, Lucía G. "Arte, revolución tecnológica y edu cación" in *Educación artística, cultura y ciudadanía*. Madri: Fundación Santillana-OEI, 2009, pp. 59-67.
MARTÍN BARBERO, Jesús. "Saberes hoy: diseminaciones, competencias y transveralidades", in *Revista Iberoamericana de Educación*, n. 32, 2003, pp. 17-34.
——————. *La educación desde la comunicación*. Madri: Editorial Norma, 2002.
PLANELLA, Jordi. *Cuerpo, cultura y educación*. Madri: Desclée de Brower. 2006.
Tomás, Josep et al. *Psicomotricidad y reeducación; fundamentos, diagnóstico, reeducación y psicomotriz y de lecto-escritura; estimulación psicomotriz*. Barcelona: Laertes; México: Cuadernos de Paidopsiquiatría*, 2004.
VACCA ESCRIBANO, Marcelino; FERRERAS, Soledad Varela. *Motricidad y aprendizaje; el tratamiento pedagógico del ámbito corporal (3-6)*. Espanha: Graó, 2008. (Biblioteca Infantil, 25).
VIGOTSKY, L.S. *La imaginación y el arte en la infancia; ensayo psicológico*. 6. ed. Madri: Akal, 2003, pp. 7-39.

AS TRAMAS DA CULTURA

Patricio Rivas

RUA TROCADERO, 162, BAIXOS

José Lezama Lima, chamado de "Joseíto" pelos íntimos, foi um dos escritores mais difíceis de ler e de maior profundeza temática parido pela região. Lezama não se desenvolvia a partir de definições ideológicas da estética em uso, mas, como explorador travesso e brilhante de caminhos próprios, recriou o idioma das imagens literárias a partir de sonhos sedentários, destruindo os paradigmas durante a noite, para recriar novos esboços pela manhã.

Sua proliferação verbal e desconcertantes transgressões na narrativa nos mergulham nos mundos ocultos que se expandem por todas as regiões que constituem nossa alma idiomática. Sua literatura é um desafio para reinterpretar nossa vida e condições de existência, é uma liberdade absoluta para reimaginar nossas certezas, delírios e mundos.

Partindo desse endereço de Havana velha, deu-nos de presente seus mundos próprios.

INTRODUÇÃO

Depois de passadas mais de duas décadas de Estudos Culturais na América Latina, que abrangem Institucionalidade, Gestão, Patrimônio e Economia, é preciso colocar em jogo esses conhecimentos em termos de estratégias políticas que incluam todas as frações da sociedade, superando em termos programáticos, financeiros e práticos o conceito iluminista e ultrapassado de cultura.

Após vinte anos de fundação da Conaculta,[1] que surge como a primeira instituição complexa e moderna na região, é preciso escavar o impacto de

[1] Conselho Nacional para a Cultura e as Artes, o equivalente ao Ministério da Cultura do México.

longa duração que tiveram as políticas culturais ante os quatro grandes temas atuais.

Em primeiro lugar, a redistribuição progressiva do acesso e consumo de bens culturais cada vez mais diversificados e complexos. Se observarmos as políticas culturais que são implementadas por ministérios, conselhos e subsecretarias, podemos ver que o processo de redistribuição democrática avançou, mas ainda não se instala de modo permanente e autônomo nos setores economicamente menos favorecidos. Na maior parte das vezes, estes recebem os efeitos das políticas culturais, como eventos, festivais ou atividades limitadas de alto impacto, mas limitadas no tempo, isto é, sua relação com as políticas nacionais acontece no colo de uma relação de entretenimento.

Por outro lado, existe um relacionamento difícil entre essas políticas, definido com base teórico-conceitual de — em muitos casos — enfoques da corrente principal de pensadores europeus e norte-americanos entre cultura e participação democrática, isto é, entre o mundo executivo administrativo estatal e as vozes, sugestões e propostas das várias assembleias setoriais e nacionais que são estruturadas permanentemente nas grandes cidades, bem como nas regiões mais longínquas de cada país.

O processo de construção do conhecimento das políticas culturais apela pouco para a participação e se sustenta mais nas demandas específicas dos grupos artísticos com maior capacidade de negociação ante o Estado e seus recursos, como é o caso do Cinema, do Livro e da Música. Outros temas, como o artesanato, as culturas indígenas e negras, recebem um tratamento episódico e pequeno.

Na lógica da articulação e construção de políticas públicas, é a institucionalidade cultural que tem maiores possibilidades para elaborar suas estratégias, a partir de um conhecimento e um relacionamento direto com as pessoas e os cidadãos, já que a natureza de "perito em cultura" não pode ser igualada a outras funções e conhecimentos estatais, como perito em saúde, em defesa ou obras públicas. Nesse assunto, instala-se um tipo de preocupação abstrata por parte dos funcionários, que consiste em pensar que um relacionamento direto com o espaço público pode gerar demandas excessivas e intangíveis.

Em terceiro lugar, acontece que as grandes sub-regiões culturais, como — sem pretender fazer uma relação exaustiva — o grande Caribe, a região andina, a Mesoamérica, a Patagônia e as megacidades, compartilham redes, temas e tensões que não são regidos pelas articulações espaciais do Estado-Nação, mas sim por histórias de longa duração e processos criativos referentes a identidades supranacionais. Daí se infere a necessidade de contar com políticas que se retroalimentem e cooperem além das políticas que cada instituição nacional constrói para o território de seu país.

É claro que isso nos impõe um conceito atualizado da integração latino-americana, especialmente quando o debate cultural em escala mundial configura identidades de grandes regiões e se vincula, cada vez mais, com as políticas de bloco e de poder atuais. A América Latina exige uma estratégia de criação, estudo e projeção cultural articulada para o século XXI, que inclua desde legislações internas que tornem mais fluidos os intercâmbios até a construção de espaços coletivos de criadores e artistas.

Em último lugar, é preciso mostrar que as dinâmicas socioeconômicas que atravessam a região vêm gerando articulações entre as políticas culturais e outros processos resultantes das crescentes exclusões e novas marginalidades, que se apresentam, muitas vezes, no aumento da violência urbana, do narcotráfico, do desemprego e das mazelas psicossociais. É difícil pensar em uma estratégia cultural de longo prazo que contorne essas tensões; trata-se de descriminalizar esses temas que estão solidamente instalados nas políticas de segurança pública, muito pouco abordados a partir da cultura. A modernidade cultural na América Latina não pode deixar de estar na história longa e diversa dos mundos que a compõem.

CULTURA COM DESENVOLVIMENTO
Redistribuição progressiva do acesso e do consumo de bens culturais cada vez mais diversificados e complexos.

Na definição dos marcos teóricos alusivos à trama das políticas culturais, convém ver, com um olhar diverso e amplo, o que chamaremos de determinantes sociais e conhecimento cultural. Temas que Sergio Bagú começou a desenvolver de modo brilhante mas interrompido. As redes e continuidades da investigação cultural na América Latina ainda são escassas, tanto no âmbito universitário e institucional quanto nos próprios grupos sociais, o que é paradoxal, já que, nesses subcontinentes de ensaístas, os processos de construção de identidade e sentido têm estado presentes desde o começo do século XIX.

Existe uma tendência evidente ao enfraquecimento da memória histórica e, em outros casos, uma arrogância definida a partir de um diálogo pouco traduzido em termos da morte com autores de origem europeia.

Por outro lado, a definição das políticas públicas nessa área e seus consequentes marcos teóricos provêm, em muitos casos, de ministérios de Economia e Finanças, que são regidos por outros raciocínios, ficando em segundo plano os temas emergentes e especialmente o que não é contemplado ou reconhecido pelas articulações da cientificidade das políticas do Estado e do Governo.

No processo de construção do conhecimento e das metodologias em uso através de indicadores macroeconômicos, os atores das áreas culturais intervêm ou são interrogados, não a partir de suas experiências e vivências, mas sim em virtude de grandes categorias, como produção, consumo, circulação, que, embora indispensáveis, deixam de fora o núcleo duro da vida cultural, baseado em aspirações, sensações e exigências que não contam com conceitos precisos e mensuráveis.

Em meu ponto de vista, a direção a seguir baseia-se mais em encontrar os sentidos da vida histórica cultural, isto é, em problematizar e não congelar o conhecimento do social cultural em tematizar, enquadrando de modo muito rígido os mundos culturais, como costuma ser feito quando se fala de indústrias, belas-artes, culturas locais.

É claro que uma política democrática e moderna deve construir suas próprias condições de investigação, que lhe permitam falar sobre o assunto em pauta e não a partir da burocracia que o define. Trata-se, portanto, de um problema epistemológico e metodológico.

Entre as tramas que merecem mais atenção para ir adiante nesse sentido está a da definição dos territórios e tempos que compreendem os processos culturais, enfoque que está sedento por uma geografia e demografia da cultura.

O território não é definido exclusivamente a partir das classificações administrativas que dividem um país ou uma sub-região com linhas imaginárias, mas sim, principalmente, graças às relações sociais que vão gerando identidades e intercâmbios que se manifestam em estilos de falar, vestir, comer e criar.

A noção de espaço cultural está sujeita a um enorme dinamismo, já que jamais se cristaliza; por isso, é tensionada pelo vetor tempo, que não é cronologicamente homogêneo mas que se expande através de transformações, mobilidades, misturas. Esses fenômenos significativos geram formas de representação estética e conteúdos que emergem diante de nós como o criativo, isto é, a capacidade de perceber o que não é evidente, o que existe em estado latente ou germinal. Quando são geradas essas ondas de transformação, os comportamentos coletivos ou as eventualidades ocultas geram exigências que poucas vezes nascem como propostas consolidadas ou rigorosamente estruturadas.

O sujeito cultural não irrompe como um ser discursivo no espaço público, mas sim como uma tensão que desordena o preexistente, que esgota as estruturas locais ou regionais em que está situado. Quando tratamos de concatenar cultura e desenvolvimento, não é pouco significativo especificar de qual desenvolvimento estamos falando, se do ponto de vista de uma noção produtivista geradora do desgaste corporal e do enfraquecimento da vontade de transformação ou em virtude de modelos de integração da equidade que tenham como centro os direitos das pessoas. O mesmo acontece com a categoria da cultura: a referência a se a aproximação se dá a partir da arte ou da antropologia é necessária mas não suficiente, já que não só devemos manter a atenção na aproximação macro mas também em como o sujeito do processo exerce um efeito de alimentação e correção sobre o que é implementado em termos de política e programa.

Os direitos culturais partem do ponto implícito de que cada indivíduo é criador de mundos simbólicos que lhe dão significado e o definem. Como trabalhar, porém, partindo dessa noção gerada no século XIX em um mundo que se integra e desintegra repetidamente nas últimas décadas? Daí as migrações, a informação e comunicação internacionalizada, a expansão de um consumo de artefatos culturais que muitas vezes tende ao hedonismo.

O sujeito cultural do século XXI será pressionado por suas vivências locais, pelos processos internacionalizados, em um contexto em que seus direitos formais encontram difíceis condições para serem realizados de modo eficiente, e a partir do qual ele se vê submetido a constantes pressões que o obrigam a selecionar, com base em recursos escassos, a necessidade que deve ser satisfeita para poder contar com condições básicas para uma existência digna.

O enfraquecimento do Estado nos chamados países centrais viu-se acompanhado, nas últimas décadas, por uma redefinição, por vezes regressiva, do Estado desenvolvimentista na América Latina.

As políticas destinadas a facilitar a inclusão com base no emprego, na renda mínima, nos serviços locais, no apoio primário e nas estratégias de compensação construídas graças a políticas fiscais redistributivas, sistemas públicos e gratuitos de serviços sociais, educacionais, culturais, de moradia e de desemprego, têm sido parte das agendas de muitos governos da região; porém, em um contexto de economias abertas e globalizadas, as soluções não têm sido nem completas nem necessariamente duradouras. A relação e a inclusão, a compensação e a seguridade corrigem as situações de desvantagem, mas muitas vezes entre aqueles que são reconhecidos e visíveis como cidadãos e sujeitos. O ponto de tensão para uma política cultural que contribua para esse esforço consiste em alcançar os que não conhecemos e que têm pouca capacidade de demanda; por isso, a inclusão no plano da estratégia cultural ergue-se como um assunto decisivo da correlação entre desenvolvimento e cultura.

Lechner (1997) aprofundou-se particularmente nesse assunto ao assinalar o imperativo de abrir os chamados sistemas funcionais fechados e autodiferidos que definem em parte o mundo contemporâneo, sugerindo que esses subsistemas devem estar contaminados em termos de suas agendas, programas e indicadores de efetivo sucesso.

Uma política cultural transversal exige que noções como saúde pública, segurança, educação ou relações internacionais contem com programas culturais que multipliquem suas potencialidades e expandam seus impactos. Assunto central para o que estamos descrevendo é o binômio crescimento e justiça distributiva, difícil de realizar por causa da tendência à competitividade, que pode levar a menores custos de produção. Ao olhar tal binômio a partir da cultura – entendida como direito de todos os habitantes de uma região e como possibilidade de sua ampliação emotiva-cognitiva e de produção simbólica – é preciso introduzir também uma noção de democracia e ética nas posturas que geram as iniciativas do Estado e das instituições.

O caso é que os direitos culturais não se referem apenas aos temas de consumo ou acesso à cultura, mas estendem-se à possibilidade de intervir ativa e decisivamente na distribuição dos recursos, nas prioridades que são estabelecidas, o que nos leva também à perguntar: O que é um Estado que estabelece culturalmente processos, práticas e programas?

Um Estado dos Direitos Culturais deve, em termos básicos, estabelecer condições de igualdade para as diferentes frações, setores e sujeitos que constituem o mundo cultural da nação; a noção de igualdade, porém, só é democrática em virtude de respeitar a diversidade; ao mesmo tempo, esta última não se consolida de uma vez e definitivamente, já que a diversidade se redefine e se modifica. A ópera, por si mesma, não é para os setores com maiores rendimentos, nem o folclore é para a classe baixa: o teste é justamente a transversalidade, a circulação e a contaminação. Um Estado que setorialize taxonomicamente qual sujeito precisa de qual tipo de apoio ou incentivo acaba enrijecendo e excluindo o fator mais decisivo da criatividade, que é o risco de transformação e de mutação.

Tradução de Ana Goldberger

NOTAS SOBRE EDUCAÇÃO E A ESCORREGADIA DETERMINANTE CULTURAL

Saúl Sosnowski

I. Em 27 de agosto de 2009, o *Washington Post* publicou uma nota, "An Education Debate for the Books", que, por trás de um jogo aparente de palavras, esclarecia: "Applications to Colleges such as St. John's Are Dropping as the Downturn Leads Families to Weigh the Value, and Price, of a Liberal Arts Degree More Carefully".[1] A argumentação pró e contra uma formação universitária que privilegia os clássicos é quase tão antiga quanto o St. John's College, fundado há mais de cem anos em Annapolis e que hoje conta com cerca de quatrocentos alunos que pagam US$ 40 mil anuais pela educação. Dois ditados marcam os termos do debate: "você vai saber muita coisa, mas nunca vai ganhar dinheiro" e "não há nada mais sólido do que uma formação humanista (*liberal arts*)". Portanto, de um lado, a capacitação para o trabalho e a remuneração salarial ou empresarial; do outro, uma formação livresca, clássica, para chegar a conhecer a si mesmo e quais são suas habilidades e aptidões.

II. Há palavras que marcam uma época e que provocaram inúmeros debates e citações. Até pouco tempo, a tríade reforma-revolução--democracia assinalava uma etapa de transição. Raça-gênero-etnicidade ainda constituem uma fórmula tríplice no espaço universitário dos Estados Unidos e, graças às viagens da globalização acadêmica, já faz algum tempo que também se deixam ouvir em outras latitudes.

Por enquanto, globalização e diversidade identitária aparecem como um binômio: com mais ênfase no global, celebra-se a diferença em sociedades multiculturais que reconhecem sua diversidade. Há vários anos, a *débâcle* econômica vem gerando seu próprio vocabulário, e pode ser que "globalização-identidades" deixe de ser um segmento delimitado

---

[1] "Candidatura a vagas em faculdades como a St. John's estão diminuindo à medida que o declínio da economia leva as famílias a avaliar com mais cuidado o valor, e o preço, de uma formação em disciplinas clássicas." (N.T.)

para transformar-se em um triângulo escaleno com "desigualdade" como terceiro vértice.

Durante mais de dois séculos, para ficarmos deste lado do Atlântico, os que analisam os males que afligem a região vêm lançando mão da educação (além de incentivar a imigração e outros remédios de eficácia duvidosa) para orientar seu futuro. A educação como guerra para Sarmiento na metade do século XIX ou vencer a brecha digital em anos mais próximos dos nossos apontam para a mesma solução.[2] Mas trata-se de qual educação? Quais são seus componentes, que tipo de cidadão irá produzir essa educação? O que define um "cidadão educado", "culturalmente educado"? Quando se fala de liberdade de imprensa, de alfabetização, da livre circulação de ideias, do acesso à arte, que contexto e qual público queremos alcançar? E quando o menor problema orçamentário elimina do currículo as horas dedicadas à música, à arte, ao desenho, que esquema educacional sobrevive? Que impacto social tiveram e têm a privatização do sistema escolar e a diminuição do papel do Estado na educação? Em que e como se investe na era das novas tecnologias? Que diálogo se estabelece entre cultura, educação e tecnologia? De que modo "a ideologia da eficiência do mercado" afeta os conteúdos e as estratégias docentes? E quando são medidos os sucessos da "educação formal", o que é que se avalia: quem transmite o conhecimento, quem o recebe, a ambos, ao sistema em geral? E então o quê? Outra reforma? E, nesse caso, surge mais uma vez a pergunta inicial: que resultados são desejados?

O verbo "ler", a leitura em si, hoje vem acompanhado (se é que ainda não foi suplantado) pela necessidade de "navegar". A expressão "o conhecimento não ocupa espaço" tem um sentido adicional — quase literal — quando a nanotecnologia define a transmissão gráfica do conhecimento científico. Agora, talvez mais do que nunca, esse "conhecimento" é burocraticamente analisado e quantificado, reduzido a equações mensuráveis, agitado e traduzido em objetivos que correspondem ao financiamento governa-

---

[2] Um excelente exemplo das perguntas subjacentes às reformas educacionais em três países está no relatório do Banco Interamericano (BID), com prólogo de Martín Carnoy, Gustavo Cosse e Cristian Cox, *Las reformas educativas en la década de 1990. Un estudio comparado de Argentina, Chile y Uruguay*, Buenos Aires, BID, Ministerios de Educación de Argentina, Chile y Uruguay, Grupo Asesor de la Universidad de Stanford, 2004. Para nossa finalidade, é significativo o relatório comparativo das reformas curriculares realizado por Inés Dussel, pp. 387-411.
O Instituto Internacional de Planejamento da Educação (Iipe-Unesco) publicou, em 2002, uma série de estudos por país em torno da *Equidad social y educación en los años 90*. Ver, como exemplo, o volume sobre *Argentina* (de María del Carmen Feijó, com comentários de Daniel Filmus), *Chile* (de Luis Navarro Navarro, com comentários de Javier Corvalán R.) e *Colômbia* (de Elsa Castañeda Bernal, com comentários de Diego Villegas Navarro), todos eles com prólogos de Juan Carlos Tedesco.

mental, às necessidades mais urgentes do desenvolvimento econômico, da integração de nações e mercados. Produz-se para o bem geral — entendendo-se "bem geral" com significados evidentes — sendo o enriquecimento da formação do indivíduo um subproduto das necessidades dentro das quais ele irá operar, até que, depois de anos ou décadas, tenha de ceder seu lugar para outro.

III. As perguntas que nos estamos fazendo vão contra a corrente daquilo que se transformou no regime que impera nas universidades: a geração de indivíduos *produtivos* acima de qualquer outro critério. Não se trata mais de formar um ser mais "educado", que, superando os parâmetros mais próximos da sobrevivência da espécie, será capaz de estar em sintonia com o universo, mas sim, no melhor dos casos, um "ser útil". O empreendimento educativo aposta no *homo faber*, que, através de seu trabalho, poderá subir de grau no organograma. Como ele irá conseguir isso vai depender de vários fatores, entre os quais alguns serão resultado de sua educação formal; não tanto dos conteúdos, mas sim da curiosidade que fará que ele exercite um pensamento crítico, que enfrente e resolva problemas, juntando ao mesmo tempo imaginação e lógica, criatividade e inovação.

As humanidades são "a alma" da instituição acadêmica, diz a maioria das universidades, enquanto investem grande parte de seus recursos em outras carreiras. Traduzo: a alma é espírito; não sendo matéria, não exige os investimentos que exigem as disciplinas que marcam a escala do conhecimento, do rendimento financeiro e do reconhecimento internacional: engenharia e ciências; o real, o concreto, o que salva vidas (ou que as anula com eficácia); tudo aquilo que gera divisas.[3] Entretanto, é preciso lembrar que, onde não impera o autoritarismo nem a submissão, existe a possibilidade de incentivar e estimular o pensamento crítico, o método que gera, no estudante, a capacidade de interrogar(-se), de questionar o que lhe foi entregue.

Isso só pode ser obtido quando a tônica é colocada no aprendizado e *não* no que é ensinado; no estudante e *não* no docente como fiel do processo. Mas então, ainda, esse deslocamento não anula outras interrogações: o

---

[3] Cito, como exemplo, minha própria universidade. Esta mensagem que aparece periodicamente em nosso *site* destina-se à Assembleia Legislativa do Estado, mas nem por isso é menos significativa: "University of Maryland Economic Impact on State: $3,4 billion; 23,000 jobs; a Better State" ("Impacto econômico da Universidade de Maryland no orçamento estatal: 3,4 bilhões de dólares; 23 mil empregos; um Estado melhor"). Numa observação com letras menores: "For every $1 the State invests in the University of Maryland, the university returns $8 to the State" ("Para cada dólar que o Estado investe na Universidade de Maryland, a universidade devolve 8 dólares para o Estado").

que se ensina? Como se consegue que o modo de partilhar conhecimentos promova um pensamente criativo e crítico, capaz de inovar e permitir uma adaptação constante às mudanças do meio? Como este, por sua vez, facilita (ou não) uma maior inserção no social? Em que medida esse saber e modo de saber são fatores na construção de um cidadão que é, como se sabe, e que assume seu papel como membro de uma comunidade? Por cima (ou por baixo) da aquisição de conhecimento, que lugar e que papel desempenham essas fibras que são a armação da "cultura" e da "arte" que *não* podem ser reduzidas a uma medição quadriculada nem a elegantes grafemas?

IV. Quando a cada vez mais grave situação econômica enfraquece ainda mais a margem de subsistência de vastos setores sociais, não considero viável, nem aconselhável, a redução do sistema de capacitação em que está vertida a educação formal. O mundo continua se movendo sobre a base de uma simples equação: para maior educação formal, especialmente em finanças, ciência e tecnologia —- incluindo disciplinas tão diversas quanto as que dizem respeito à saúde e ao meio ambiente —, corresponde uma maior opção de trabalho. Desta, irá se originar uma oferta salarial melhor e os passos que projetam o quadro material da felicidade.

Acredito que as políticas públicas destinadas a incorporar a dimensão cultural e artística na educação poderão ter maior êxito se, aproveitando um currículo transversal, forem inseridas nas linhas e metas gerais do sistema. Mais do que uma abordagem antagônica, então, são modos e meios para fortalecer o produto que se deseja obter. Digamos, para ficar nos cargos percebidos claramente como "úteis": formar cientistas e engenheiros "cultos/culturosos" que, junto com o "saber fazer", aprenderam como abrir a porta para ir brincar, e brincam.

São muitos os fatores que condicionam o aprendizado e numerosas as análises que o comprovam. Os resultados podem ser medidos e avaliados com a maior eficiência. O Programme for International Student Assessment (Programa para a Avaliação International dos Estudantes - Pisa), criado em 2000 pela Organization for Economic Cooperation and Development (Organização para o Desenvolvimento e Cooperação Econômica - OECD), as vem fazendo ao longo desta década, com análises minuciosas de seus países e dos países afiliados, com variações de idade e sexo, em leitura (Pisa, 2000), matemática (Pisa, 2003) e ciência (Pisa, 2006), para examinar, entre outros aspectos, atitudes e aptidões para seguir carreira em ciência, tecnologia, saúde, humanidades e educação.[4] É significativo que, na seção sobre o mercado de trabalho, observe-se que o Pisa "seeks to assess how well students can extrapolate from what they have learned at school and apply their knowledge in novel settings" ("procura verificar até que ponto os estudantes conseguem extrapolar o que aprenderam na escola e aplicar seus conhecimento em novas situações"). A referida seção termina com o seguinte parecer: "In today's technology-based societies, understanding scientific concepts and theories and the ability to structure and solve scientific problems are more important than ever. Pisa 2006 assessed not only science knowledge and skills, but also the attitudes which students had towards science" ("Nas sociedades atuais baseadas em tecnologia, compreender teorias e conceitos científicos e a capacidade para estruturar e resolver problemas científicos são mais importantes do que nunca. O Pisa 2006 avaliou não apenas conhecimentos e habilidades científicas, mas também as atitudes dos estudantes em relação à ciência").[5]

Deve-se levar em conta que, embora a ênfase esteja posta nos países da OECD, as análises incluem vários países latino-americanos — Argentina, Brasil, Chile e México entre eles. Considero que, para a dimensão cultural

---

[4] Ver os relatórios em www.pisa.oecd.org. Um exemplo das conclusões a que se chegou no relatório "Evolution of Student Interest in Science and Technology Studies" ("Evolução do Interesse dos Alunos em Ciência e Estudos Tecnológicos"), Global Science Forum, Paris, OECD, 2006: "...females tend to show a stronger interest in people rather than facts or things, and these differences may be amplified in the way science and technology are taught, and in the perception of science and technology career. These differences do not appear to be related to ability, since females tend to succeed well in science and technology, especially in the early stages. Some experts are working on the re-engineering of the education process to offer equal opportunity to both genders, but no consensus has yet emerged concerning the assumptions, methods, or results that can be achieved" ("...mulheres tendem a demonstrar mais interesse em pessoas do que em fatos ou coisas, e essas diferenças podem ser aumentadas pelo modo como ciência e tecnologia são ensinadas e como é vista uma carreira em ciência e tecnologia. Essas diferenças não parecem estar relacionadas com aptidão, pois as mulheres tendem a ter bons resultados em ciência e tecnologia, especialmente nos estágios iniciais. Alguns estudiosos estão trabalhando na reengenharia do processo educacional a fim de oferecer oportunidades iguais para ambos os sexos, mas ainda não se chegou a nenhum consenso quanto aos postulados, métodos ou resultados que se podem alcançar". Citado em "Equally Prepared for Life? How 15-Year-Old Boys and Girls Perform in School (Preparados igualmente para a vida? Como é o desempenho escolar de rapazes e moças de quinze anos), OECD-Pisa. www.sourceoecd.org/education/9789264063945 (p. 15).
Além do Pisa, pode-se consultar o Progress in International Reading Literacy Study (Progresso no Estudo Internacional sobre a Alfabetização para a Leitura - PIRLS) — http://nces.ed.gov/survey/pirls e os Trends in International Mathematics and Science Study (Tendências no Estudo Internacional de Matemática e Ciência - TIMSS) — http://nces.ed.gov/timss. Ver também, da Lumina Foundation for Education, "The Measuring Global Performance Initiative Project" — http://www.ihep.org/Research/GlobalPerformance.cfm — e uma leitura crítica das avaliações internacionais em comparação com as norte-americanas, em Mark Schneider — https://edsurveys.rti.org/.../schneiderNCES_International_Benchmarking_final.pdf (International Benchmarking, 2 jun. 2009).
[5] Pisa, pp. 15-16.

que nos concerne, tem peso maior o índice do status econômico, social e cultural da família e o lar dos estudantes, já que este, que inclui uma análise de famílias de imigrantes — como é óbvio —, afeta sua produção e alcance. Embora não se analisem "cultura" nem "política cultural" no sentido que estamos empregando aqui, a mesma conclusão, relacionada com as ciências, em lares em que estas são incentivadas e promovidas desde a infância, é válida para as artes e a cultura.

Deixando por ora a ênfase em *problem solving* (resolução de problemas) a que voltarei mais adiante, assinalo algumas observações com que o Pisa conclui sua análise: "Reading is a cultural practice influenced by the social context. Promoting male reading interest therefore needs to involve the family and society more widely" ("Ler é uma prática cultural influenciada pelo contexto social. Incentivar o interesse masculino pela leitura, portanto, precisa envolver mais amplamente a família e a sociedade"); "...the influence of the cultural beliefs prevailing in a country and the effect of the media have not been considered in this report, but are influences which cannot be ignored" (... a influência das opiniões culturais que prevalecem em um país e o efeito da mídia não foram levados em consideração neste relatório, mas são influências que não podem ser ignoradas"). "Pisa does not measure either *the social environment or the social development of students which is also an important goal of education*" ("Pisa não mede nem *o ambiente social nem o desenvolvimento social dos estudantes, que também é um importante objetivo da educação*").[6] Embora os resultados desses sistemas de avaliação e análise constituam um instrumental extremamente útil para desenvolver políticas educacionais em nível local, nacional e internacional, deve-se notar que alguns aspectos e metas fundamentais da educação ficam fora de seu alcance e dos objetivos que se colocaram. Poderia observar que, sendo "mole" (e, por isso, difícil de medir?), a cultura é mais "porosa", permeável, informa o que somos e poderíamos ser; além disso, pode chegar a condicionar nosso desempenho profissional pelo menos tanto quanto afeta nossa vida e convivência.

V. As políticas destinadas a "culturalizar" a educação não precisam ficar disputando com programas que capacitam os estudantes a obterem um lugar no mercado de trabalho. A chave não é dada, entretanto, nem nas matérias que devem ser cursadas, nem na metodologia que se usa para o ensino/aprendizado. Nas ciências, por exemplo, embora a

[6] Ibid., p. 41 (grifo meu).

excelência acadêmica no nível universitário seja medida pela quantidade de subsídios obtidos para sustentar projetos de pesquisa, número de publicações, conferências e estudantes de licenciatura, mestrado e especialmente de doutorado assessorados pelo professor, em outro plano essa excelência é reconhecida e apreciada observando como o indivíduo consegue integrar ideias que passam por várias disciplinas. Em grande parte, como balanço final, trata-se de considerar a capacidade do indivíduo para resolver problemas: esta não remete a nenhuma disciplina em especial, não se recorta sobre nenhum conhecimento e não exige que se privilegie um modo de conhecimento em detrimento de outro. Acredito que reconhecer um problema e resolvê-lo conjuga e integra todas as dimensões do ser humano sem exclusão nenhuma.

Em *The Global Achievement Gap*,[7] Tony Wagner propõe sete aptidões para sobreviver na nova economia global do conhecimento (*global knowledge economy*):

1. Pensamento crítico e solução de problemas
2. Colaboração transversal entre redes e liderança por influência
3. Agilidade e adaptabilidade
4. Iniciativa e empreendedorismo
5. Comunicações oral e escrita eficazes
6. Capacidade de acesso à informação e análise da informação
7. Curiosidade e imaginação

Embora o interesse de Wagner esteja canalizado em outra direção, várias dessas aptidões representam vias de acesso ao conhecimento por meio da arte e da cultura, modos de aprendizado e até uma definição do que gostaríamos de entender como uma educação viável e integral. Ainda mais: ao promover a colaboração em rede e a liderança pela influência, propõe-se uma alternativa ao âmbito autoritário, aos ditames unidirecionais que ainda predominam no sistema educativo primário, secundário e terciário de muitos países.

Comentário sobre a lista de Wagner: pensando precisamente na imprescindível culturalização do processo educacional, eu colocaria "curiosidade e imaginação" como ponto de partida e de acesso ao conhecimento.

---

[7] Tony Wagner. *The Global Achievement Gap*. Nova York: Basic Books, 2008. O subtítulo revela sua meta programática: "Why even our best schools don't teach the new survival skills our children need — and what we can do about it" ("Por que nossas melhores escolas não ensinam as novas habilidades de sobrevivência de que nossos filhos precisam — e o que podemos fazer sobre isso").

VI. Duas observações, uma tarefa pendente, um parêntese imprescindível:

Primeira observação que surge da experiência nos Estados Unidos: em geral, grande parte da educação primária e secundária está sujeita e é avaliada mediante um regime rígido de exames. Passá-los, bem como a margem de aprovação, determina financiamento, manutenção de professores, definição de qualidade etc., embora não necessariamente a aquisição de aptidões por parte do corpo estudantil.

Segunda observação: nem todos os rankings das universidades graduam e avaliam a "excelência acadêmica" com base na "produção científica" do corpo docente e do corpo discente; alguns tomam por base a reputação da instituição.

Tarefa pendente: realizar uma análise comparativa dos sistemas de credenciamento universitário vigentes em função das aptidões adquiridas pelos formandos em seus respectivos níveis (licenciatura, mestrado, doutorado).

Parêntese: para poder propor políticas educacionais "culturalizadas", devemos partir das mudanças radicais que ocorreram nas últimas décadas em matéria de tecnologia e comunicação. Em resumo: o diálogo / deslocamento / substituição da página pela tela; a transição da geração letrada para a geração midiática.

Até relativamente pouco tempo (e também em mais do que um único corpo docente), discutiam-se "alta cultura" e "cultura popular"; depois, o uso dos meios de comunicação de massa e seu impacto social; hoje, tudo é multimídia, Internet. Estamos com a "i-generation": IM, i-Pod, i-Phone, mensagem de texto... enquanto o e-mail aproxima-se da lembrança das cartas com selo. Imperam a multitarefa e a gratificação instantânea, pelo menos no acesso a outro aparelho, ao que se prevê que será uma reação instantânea da parte de uma pessoa que é reconhecida por outras "teladas".

Os indivíduos para quem estamos considerando modos de culturalizar a educação não têm tempo para refletir, para concentrar-se em um aspecto ou tema de cada vez. A ênfase está colocada na rapidez do acesso, na mutilação das palavras para chegar instantaneamente ao receptor: nova língua para novos meios. E uma nova taxonomia: *"screen reading"* e *"slow reading"*. O meio continua sendo a mensagem, mas o que contém essas mensagens? O que virá depois do twitter, limitado a uma quantidade "x" de palavras recortadas? Alguém já propôs resumir cada obra de Shakespeare num *tweet*... Tudo é redução, aponta-se para o mínimo; voz e imagem na tela suplantam o corpo: a interação social acontece, por assim dizer, no plano plano.

Antes de condená-los (fazê-lo é inútil: seria como acusar o vento por aquilo que é sua natureza), devemos, entretanto, levar em consideração que os novos meios estimulam a busca e a criatividade — pelo menos no que se refere a como acessar outras redes e um acúmulo de dados que aumenta exponencialmente a cada minuto. Diante das várias telas abertas ao mesmo tempo, cabe perguntar-lhes: terão momentos em que contemplar e refletir os levarão a um nível mais alto de compreensão? Vale tudo, como na pós--modernidade que já começa a envelhecer; todos podem trazer dados; a verificação (como, em outros níveis, a avaliação) está subordinada à boa vontade da pessoas. Cabe tudo: *Wikipedia* ante a *Enciclopédia Britânica*. Para educar, é preciso entreter; tudo é dinâmico, tudo flui em micropartículas. Mas será que, por isso, teremos de anular o valor dos meios pelos quais facilitamos o acesso ao conhecimento? Será que (cultores da nostalgia) queremos que as gerações que já estão vindo atrás de nós reproduzam os alinhamentos culturais que nos marcaram, quando Facebook, MySpace e outros meios suprem outras necessidades e outras conexões? Cabe a nós pensar como harmonizar, com a vertigem dessa aceleração, o passo pausado daquilo que tradicionalmente chamávamos e continuamos a chamar de "cultura". Esta é a era do interativo. Mais uma vez, como em outros tempos e em outras latitudes, os relógios generacionais não estão sincronizados.

Fecho este parêntese: se, no começo, pode-se chegar a sublinhar mais diversão do que conhecimento, ao finalizar a jornada estaremos distribuindo, *compartilhando*, a cultura como conhecimento. Enfrentar a procura de novos meios e modos de interagir e considerar a inovação como norma e sintonizar vias de acesso e de conhecimentos também são modos de "culturizar".

VII. O projeto "Tuning — America Latina"[8] sobre educação superior proporciona, já em seu próprio nome, uma boa pauta para refletir criticamente e ir adiante em nossa agenda: trata-se de "sintonizar" e "afinar". Isso implica conhecer, reconhecer, compartilhar, colaborar, executar harmonicamente. O projeto foi "concebido como um espaço de reflexão de atores comprometidos com a educação superior, que, através da procura por consensos, contribui para ir adiante no desenvolvimento de titulações

---

[8] Pablo Beneitone et al (eds.). *Reflexiones y perspectivas de la Educación Superior en América Latina. Informe Final — Proyecto Tuning-América Latina 2004-2007*. Bilbao: Universidade de Deusto, 2008. http://tuning.unideusto.org/tuningal/index.php?option=content&task=view&id=216&Itemid=245. Faço citações por essa versão. Os documentos de trabalho estão em http://tuning.unideusto.org/tuningal.

facilmente comparáveis e compreensíveis, de forma articulada, na América Latina" (p. 13). Seguindo sua própria metodologia, elaborou quatro grandes linhas de trabalho:
1. aptidões (genéricas e específicas das áreas temáticas);
2. enfoques no ensino, aprendizado e avaliação dessas aptidões;
3. créditos acadêmicos;
4. qualidade dos programas (p. 15).

Foram formados quatro grupos de trabalho (Administração de Empresas, Educação, História e Matemáticas). Das 62 universidades iniciais, o projeto expandiu-se até englobar 182, provenientes de dezoito países latino-americanos. Embora o *Informe* seja um excelente instrumento de trabalho para tornar compatíveis estudos e carreiras universitárias, para nossas finalidades limito-me a resgatar alguns aspectos das "aptidões genéricas".[9] É fundamental entender que a "aptidão" não é medida só no campo do trabalho, mas sim, e pontualmente para a área educacional, em termos da formação integral do indivíduo.

Para a América Latina, chegou-se a um consenso quanto a 27 aptidões genéricas, que constituem um excelente mapa para analisar os fins e rendimentos da educação superior em nossa região (e, deve-se sublinhar, também em outras partes do mundo). Embora várias delas indiquem aptidões aplicáveis para a profissionalização e a formação de todo cidadão, sublinharei apenas as mais próximas de nosso desejo de culturizar a educação.

As habilidades que levarei em consideração a seguir abrangem uma equação que considero ineludível. Ela foi elaborada em cinco países do Cone Sul e lançada como projeto em São Paulo, em 1995: cultura-educação-democracia.[10] Refiro-me às seguintes, que enumero segundo sua ordem de participação:

[9] Em termos amplos, usa-se o conceito de aptidão para "a capacidade que todo ser humano precisa para resolver, de modo eficaz e autônomo, as situações da vida. É baseado em um conhecimento profundo, não só saber o que e saber como, como também ser pessoa em um mundo complexo mutante e competitivo" (p. 35). *Tuning Europa* trabalhou sobre a seguinte base: "as aptidões representam uma combinação dinâmica de conhecimento, compreensão, capacidades e habilidades. Fomentar as aptidões é o objetivo dos programas educacionais..." (p. 37).

[10] Refiro-me aos seminários e publicações sobre a repressão da cultura e o papel da cultura na redemocratização dos países do Cone Sul, realizados na Universidade de Maryland, Buenos Aires, Valparaíso e Asunción entre 1984 e 1994; ao encontro que organizamos no Memorial da América Latina em 1995 e a publicação de *Una cultura para la democracia en América Latina*. México: Fondo de Cultura Económica, 1999 (que preparei com Roxana Patiño e que reúne os textos ali apresentados), e *Cultura e democracia*. Rio de Janeiro: Fundo Nacional de Cultura, 2001 (Cadernos do nosso tempo, Nova Série), 3 v., 2001-2002 (que, financiado pelo BID, engloba os resultados de vários anos em torno da implementação desse nexo; codirigi e coeditei os volumes com o então vice-ministro da Cultura, José Álvaro Moisés).

1. responsabilidade social e compromisso com a cidadania;
2. capacidade para usar tecnologias da informação e da comunicação;
3. capacidade para procurar, processar e analisar informação proveniente de diversas fontes;
4. capacidade crítica e autocrítica;
5. capacidade criativa;
6. capacidade para identificar, expor e resolver problemas;
7. compromisso com a preservação do meio ambiente;
8. capacidade para trabalhar de forma autônoma;
9. compromisso com seu meio sociocultural e compromisso ético.

Para os acadêmicos da América Latina, este último está no primeiro lugar em importância e a capacidade criativa mais na metade da lista (pp. 50-51).[11] A criatividade obtém uma colocação parecida entre os formados, estudantes e empregadores.[12] Se tomamos como ponto de partida, como costuma fazer um engenheiro, o produto que se quer obter, para daí planejar recursos e cronogramas — o que, na nomenclatura pedagógica dos Estados Unidos, é chamado de *backward design*[13] —, na medida em que a opinião dos empregadores influi ou mesmo condiciona a oferta da educação superior, o modo de culturizá-la permanecerá sujeito a necessidades práticas e de aplicação imediata.

VIII. Quanto mais os aspectos formais da educação são medidos, analisados e avaliados — desde a seleção de livros de leitura para as

---

Outra modalidade da iniciativa "Uma cultura para a democracia na América Latina" foi realizada na Venezuela. Uma série de fascículos intitulada "Vivir la democracia" foi distribuída, em 2005, pelo jornal *Últimas Noticias*, com uma tiragem de 150 mil exemplares por fascículo. O material foi elaborado por uma equipe local, a partir da proposta que apresentei em um seminário realizado em Caracas em 2000, intitulada "Educação, cultura, cidadania, democracia: princípios fundamentais". Cada um dos fascículos tratou de um valor. A série elaborou os seguintes valores, que bem podem ser vistos como princípios de sociabilidade: Liberdade, Convivência, Igualdade, Tolerância, Solidariedade, Honestidade, Direitos, Responsabilidade, Sentimento de Pertencer e Participação.

[11] Os autores do *Informe* apontam brechas e uma diferença significativa nas aptidões mais importantes enumeradas na Europa e na América Latina: para os acadêmicos europeus, *criatividade* e *capacidade crítica e autocrítica* e, para os latino-americanos, *compromisso com a qualidade* e *compromisso ético* (p. 53). A diferença radical quanto à importância do compromisso ético repete-se entre os formados: quase um diferente estado da questão em cada lado do Atlântico.

[12] O quadro que resume a opinião dos quatro grupos coloca a capacidade criativa no lugar de n. 14 (de 27). Outro estado da questão, dessa vez coincidente, acontece nas aptidões que empregadores europeus e latino-americanos consideram como mais importantes: compromisso com a qualidade, capacidade de aprender e atualizar-se, capacidade para aplicar os conhecimentos na prática, capacidade para identificar, expor e resolver problemas e capacidade de trabalho em equipe. Como menos importantes, coincidem em: valorização e respeito pela diversidade e multiculturalidade, capacidade de pesquisa, aptidão para trabalhar em contextos internacionais e capacidade de comunicação em uma segunda língua (p. 61).

[13] Desenho ou planejamento de trás para a frente.

escolas primárias até os critérios de excelência na educação universitária projetada para a inserção no mercado de trabalho —, mais complexa fica a possibilidade de incluir nesses parâmetros o modo como se pode culturizar a educação. Talvez seja assim (deva ser assim) por definição. Afinal, estamos tratando de incorporar modos de ser, de olhar e de ver, de pensar e contemplar. Nada disso é quantificável. São modos de vida que vão sendo adquiridos pelo caminho. O que de fato podemos fazer é incorporar procedimentos que levem a esses modos de ver e de pensar que conseguirão satisfazer as exigências do sistema escolar. Embora pareça um tanto paradoxal, para consegui-lo talvez seja conveniente adotar então o método do engenheiro: 1) sabemos qual produto queremos obter; 2) vamos desmontá-lo para identificar seus componentes e entender a estratégia da montagem: soma de criação e pensamento crítico.

IX. A taxonomia de Bloom, publicada em 1956,[14] pode nos servir de guia, depois de ajustada a requisitos e condições pontuais, para seguir adiante, com a implementação da agenda cultural que nos interessa, incorporar ao sistema educacional. Sua estrutura piramidal parte de "conhecimento" e passa, em sequência, por "compreensão", "aplicação", "análise" e "síntese" até chegar à etapa de "avaliação". Cada uma dessas etapas se caracteriza por uma série de objetivos e uma relação de verbos/ ações que definem o caminho a seguir. Para nossos fins, devo mencionar que "criar" é considerada uma atividade superior que apareceu há pouco na etapa de "síntese" como parte de um sistema que organiza os conhecimentos.

Comentário: Em um momento de êxtase e revelação, Tzinacan, mago da pirâmide de Qaholom incendiada por Pedro de Alvarado, proclama: "Oh, a felicidade de entender, maior do que a de imaginar e a de sentir!". À sugestiva (porém coerente) ênfase racional do mago, a

---

[14] B.S. Bloom (ed.). *Taxonomy of Educational Objectives: The Classification of Educational Goals: Handbook I, Cognitive Domain*. Nova York: Longmans, Green, 1956. Sua origem: "Desde 1948, um grupo de educadores assumiu a tarefa de classificar os objetivos educacionais. Propuseram-se a desenvolver um sistema de classificação levando em conta três aspectos: o cognitivo, o afetivo e o psicomotor. O trabalho da seção cognitiva foi finalizado em 1956 e normalmente é conhecido pelo nome de Taxonomia de Bloom. A ideia central dessa taxonomia é o que os educadores querem que os alunos saibam, isto é, quais são os objetivos educacionais. Eles têm uma estrutura hierárquica que vai do mais simples ao mais complexo ou elaborado, até chegar à avaliação. Quando os educadores elaboram programas, devem levar em conta esses níveis e, por meio de diferentes atividades, subir progressivamente de nível até chegar aos mais altos". Versão em espanhol: http://www.aulatres. net/1/curs_wq/pagines_secundaries/taxonomia_bloom.htm.

quem Borges concede a graça de ler "A escrita do deus", talvez convenha acrescentar outro plano para culturalizar os desejos de nossas propostas compartilhadas: "Oh, a felicidade de crer! Talvez maior do que a de sentir, imaginar, entender"?

Tradução de Ana Goldberger

REFLEXÕES SOBRE A RELAÇÃO ENTRE CULTURA E EDUCAÇÃO E A EXPERIÊNCIA DA EDUCAÇÃO BÁSICA NO BRASIL[1]

Jurema Machado

Ainda que sejam enormes as distâncias entre os resultados educacionais dos países desenvolvidos e dos demais, é notória a convergência de dúvidas e frustrações, que, em sua essência, vêm apresentando contornos comuns ao ambiente educacional de ricos e pobres, do Norte e do Sul, ou de diferentes contextos culturais. Expressões como o "fracasso da educação", denotando uma incômoda discrepância entre aquilo a que os sistemas educacionais se propõem e aquilo que efetivamente conseguem atingir, assim como a "violência na escola", substituindo o que, até algum tempo atrás, era uma discussão circunscrita apenas aos conceitos de disciplina e autoridade, chegam a ser uma constante nesses diferentes contextos.

Os sistemas de avaliação e estatística, especialmente a oferta de estatísticas comparáveis entre países e regiões, vêm tendo um papel decisivo, não apenas na aferição, mas, sobretudo, no compartilhamento de dilemas comuns. A década de 1990 representa um marco na oferta de ferramentas de avaliação educacional, resultando numa série de estudos internacionais com o intuito de comparar o desempenho de alunos e sistemas escolares. A Unesco, que tem a educação como um dos temas--chave de seu mandato, produz esses estudos comparados por meio de seu Instituto de Estatísticas, o Unesco Institute for Statistics (UIS), sediado em Montreal. No nível regional, a Oficina Regional de Educação para América Latina (Orealc), sediada no Chile, mantém, há mais de duas décadas, o Programa Regional de Estatísticas Educativas, coordenado conjuntamente com o UIS. A estratégia do Programa está baseada no Sistema Regional de Informação (Siri), uma das redes de trabalho do Programa Mundial de Educação para Todos.[2]

---

[1] A Educação Básica compreende a Educação Infantil, o Ensino Fundamental e o Ensino Médio. A oferta da educação básica universal é considerada uma das principais prioridades para o processo de mudança social e de desenvolvimento sustentado dos países em desenvolvimento, objetivo do programa Educação para Todos da Unesco.
[2] http://www.unesco.org/santiago.

Entre os estudos internacionais dos quais o Brasil participa, cita-se especialmente o Programme for International Student Assessment (Pisa), executado pela Organização para a Cooperação e Desenvolvimento Econômico (OCDE), em cooperação com a Unesco. O Pisa visa traçar um panorama mundial do desempenho de estudantes de quinze anos de idade com a aplicação de testes trienais nas diversas áreas do conhecimento. Realizado pela primeira vez em 2000, o Pisa focalizou a proficiência em leitura, ficando o Brasil em último lugar entre os 31 países participantes; em 2001, os estudantes brasileiros ficaram em penúltimo lugar no desempenho em Matemática; e, em 2003, em penúltimo lugar em Ciências. Esses resultados não são inferiores apenas aos de países europeus, mas também aos do México, Chile e Argentina. A avaliação mostrou que cerca de 50% dos alunos brasileiros de quinze anos estão abaixo do nível 1 de alfabetização na escala do Literacy Assessment and Monitoring Programme (Lamp), criado pelo UIS em parceria com outras agências internacionais.

Alguns resultados, a partir de fontes nacionais, não são mais animadores. A tendência até o momento indica que o Brasil, que já apresenta indicadores muito positivos em outras metas, não atingirá a meta do Milênio de Eliminação do Analfabetismo até 2015: a taxa de analfabetismo tem sido resistente à redução e, em 2008, segundo o PNAD/IBGE, o Brasil ainda tinha 14,2 milhões de analfabetos com quinze anos ou mais. Essa taxa corresponde a 10%, semelhante à de 2007, quando era de 10,1%.

Exames nacionais como o Saeb[3] têm mostrado que os alunos brasileiros não aprenderam o suficiente para chegar aos anos em que estão matriculados. Em 2003, o Saeb apontou que 59% dos alunos chegam ao 6º ano do Ensino Fundamental sem entender bem o que leem; que 12,5% não sabem fazer operações de soma ou subtração, e 22,2% dos estudantes do 5º ano estão no pior nível de conhecimento possível em português, ou seja, são praticamente analfabetos.

As causas são diversas, internas, mas também externas à escola, como a pobreza e a baixa escolaridade dos pais. E entre as causas internas ao sistema educacional, há um campo fértil para investigação sobre a articulação entre as políticas de educação e as de cultura. Comentando os resultados do Pisa, Cláudio de Moura Castro, economista e consultor em educação, diz que eles são prova de que as escolas não estão ensinando o essencial: o domínio da

---

[3] Sistema de Avaliação da Educação Básica do MEC. Pesquisa por amostragem realizada de dois em dois anos, nas escolas públicas e privadas. Mede o conhecimento de Português e Matemática dos alunos do 5º e do 9º ano do Ensino Fundamental e do 3º ano do Ensino Médio.

linguagem. "Se fosse necessário gerar um slogan para todas as escolas de todos os níveis, este seria: só há uma prioridade na escola brasileira: ensinar a ler e entender o que está escrito". Avaliação análoga é a do professor Marcos Bagno, doutor em Linguística pela Universidade de São Paulo (USP), que atribui o fracasso à maneira equivocada com que a escola encara o ensino de Língua Portuguesa: com foco excessivo na gramática, quando a ênfase deveria ser na leitura e na escrita.[4]

DA INDISCIPLINA À VIOLÊNCIA

A curva ascendente que vai da indisciplina à violência, violência significando dano voluntário ao outro, também preocupa países de diferentes perfis socioeconômicos e culturais. Na Europa, estudos e debates nesse campo mobilizam pesquisadores, governos e comunidades educativas. Na América Latina, embora ainda perdure uma certa naturalização da violência, em países como Brasil, Chile, México e Argentina são crescentes os esforços para compreendê-la e combatê-la.

Mais uma vez, é fundamental não circunscrever o problema apenas à escola, já que muitas condutas que se tornam visíveis na escola foram adquiridas em outros contextos, especialmente nas famílias. Basta ver os altos índices de violência doméstica e até mesmo a existência de países em que culturalmente ainda se admite que professores apliquem castigos corporais. Aspectos culturais ainda mais amplos estão presentes, já que, como afirma o psicopedagogo argentino Alejandro Castro Santander, estamos vivendo numa sociedade que continuamente confunde e relativiza valores.[5] Nada disso autoriza, no entanto, que se aceite passivamente a situação de vitimização da escola; ao contrário, é fundamental que o currículo escolar faça sentido na vida dos alunos e que se busquem pactos mais sólidos com as famílias.

A perplexidade diante das dificuldades da escola está presente no cinema, agora não mais em tramas românticas ou de humor. O filme *Entre muros — Entre os muros da escola*, baseado no livro de François Begaudeau, foi Palma de Ouro em Cannes em 2008. Em um ambiente de diferenças sociais e culturais marcantes, que não se explicam apenas pela questão étnica, se impõe a falta de interesse dos alunos, mas também de professores

---

[4] Avaliação internacional revela que atraso escolar é o maior problema educacional do Brasil, Inep, dez. 2001, e site *Aprende Brasil*.
[5] Entrevista de Alejandro Castro Santander para a *Revista de Educación*, n. 337, Governo do Chile, 2009.

imperfeitos, falíveis, e tudo parece estar errado: os professores, os alunos, os conteúdos.

No Brasil, o cineasta João Jardim lançou, também em 2008, o documentário *Pro dia nascer feliz*, no qual dilemas comuns emergem de depoimentos colhidos de estudantes e educadores de escolas públicas e privadas de cinco regiões do país, em ambientes sociais totalmente distintos. Comentando o filme, o cineasta Fernando Meirelles cita Bertrand Russel dizendo que as crianças vão do drama da sobrevivência (nas escolas pobres)[6] à tragédia da existência (nas ricas), expondo angústias que são da adolescência, mas são, sobretudo, de um tempo marcado pela incapacidade de comunicação entre as pessoas e pelo enfraquecimento dos contatos interpessoais.

O drama dos professores também está registrado nas estatísticas. Segundo dados da Confederação Nacional dos Trabalhadores em Educação (CNTE), 30% dos afastamentos em escolas da rede pública do país são resultantes de estresse e depressão. Em 2003, pesquisa do Sindicato dos Professores de Ensino Oficial do Estado de São Paulo registra que a depressão atingia então um entre quatro professores paulistas. Para 62,4% deles, a violência escolar era a causa.

Em 1998, foi criado o International Observatory on Violence in School, uma rede internacional de pesquisadores que conta com os auspícios da Unesco. O Observatório realizou uma primeira grande conferência em Paris, em 2001, seguida de três outras conferências internacionais em Bordeaux, no Reino Unido e em Ottawa. Eric Debardieux, diretor do Observatório Europeu, pondera que o tema da violência na escola não pode ser tratado com exagero nem com negação e que, para isso, é preciso rigor científico nas análises, descrição cuidadosa das situações, censos e análise das intervenções.[7] O Observatório privilegia a violência no interior da comunidade escolar, ou seja, não se dedica ao estudo de fenômenos violentos quando provocados por agentes externos, como franco-atiradores, atos terroristas ou até mesmo situações de fechamento de escolas em áreas de conflito, como ocorre nas favelas do Rio, onde aulas são suspensas quando há conflito entre traficantes rivais ou destes com a polícia.

Em 2004, o Observatório Europeu de Violência Escolar fez comparações empíricas sobre o clima escolar em escolas públicas de cinco regiões muito

---

[6] Artigo "Pro dia nascer feliz nos defronta com o nosso futuro", *Folha de S.Paulo*, São Paulo, 7 fev. 2007.
[7] Debardieux, Eric. "La violence à l'école: quelques orientations pour un débat scientifique mondial", *International Journal on violence and school*, n. 1, maio 2006.

diversas: na França, subúrbios de Paris e Marseille e Rouen; na Inglaterra, subúrbios de Londres e Liverpool; no Brasil, subúrbios de grandes cidades, entre eles a favela da Rocinha no Rio de Janeiro; em Burkina Faso e em Djibouti, subúrbios urbanos e rurais.

Interessam especialmente ao estudo da relação entre educação e cultura as investigações que dizem respeito, mais do que ao registro de episódios violentos, à percepção da violência no ambiente da escola. Um primeiro resultado, aparentemente contraditório, informa que a percepção da violência é menor entre os pobres do que entre os ricos, como mostra a tabela abaixo, que compara as escolas do subúrbio francês com as do Brasil.

TABELA 1
PERCEPÇÃO DA VIOLÊNCIA PELOS ALUNOS FRANCESES E BRASILEIROS

Violência Fonte	Enorme (%)	Grande (%)	Média (%)	Pequena (%)	Nenhuma (%)	TOTAL (%)
França	13,40	17,80	25,00	36,70	7,10	100
Brasil	4,20	8,20	24,10	46,60	16,90	100
TOTAL	9,10	13,30	24,60	41,30	16,90	105,20

Fonte: Debarbieux/Unesco, 2004 e Debarbieux, 2000, França.
Número de questionários: França =11.147; Brasil= 9.800.

Vários fatores explicam esse resultado: os alunos pobres passavam menos tempo na escola por não terem, na ocasião da pesquisa, a oferta de cursos em tempo integral; os jovens potencialmente mais violentos já estariam fora da escola, já na marginalidade, como mostram as estatísticas de evasão escolar. Ou, ainda, essa percepção é compatível com a naturalização da violência em locais onde crianças adquirem familiaridade com armas, onde o "caveirão", o radinho e os códigos do tráfico e da polícia são imagens recorrentes nos trabalhos escolares. Acrescente-se também a baixa expectativa e a passividade na aceitação da situação de exclusão de populações historicamente excluídas, desde a escravidão até a pobreza dos dias atuais.

Na mesma direção está a comparação dos resultados sobre a percepção da relação entre alunos e professores nesses mesmos ambientes. Os resultados das escolas francesas que apontam as relações como sendo péssimas ou ruins alcança o dobro do apontado nas escolas brasileiras.

TABELA 2
RELAÇÃO ENTRE ALUNOS E PROFESSORES NA FRANÇA E NO BRASIL

Professores Fonte	Maus (%)	Regulares (%)	Médios (%)	Bons (%)	Muito bons (%)	TOTAL (%)
França	10,70	15,10	33,70	30,20	10,20	100
Brasil	4,00	7,50	43,40	36,00	9,10	100

Fonte: Debarbieux/Unesco, 2004 e Debarbieux, 2003, França.
Número de questionários: França =11.184; Brasil = 9.875.

A explicação, no caso, pode ser menos relacionada com a possível naturalização da violência entre os pobres, mas com um aspecto que interessa do ponto de vista cultural e que a imprensa francesa explorou quando da divulgação da pesquisa: na amostra francesa, as escolas são majoritariamente de migrantes e representam, para esses alunos, a personificação do Estado francês, ou seja, de um ente visto como estranho e hostil àquela comunidade. No caso dos subúrbios e favelas brasileiros, embora obviamente se esteja muito longe de um mundo perfeito, a presença do Estado significa o reconhecimento daquela ocupação como parte da cidade, numa resposta aos movimentos sociais que lutam contra a invisibilidade das favelas, seja reafirmando e difundindo expressões culturais locais, seja exigindo infraestrutura, transporte e regularização fundiária. Essas populações, de número muito representativo nas grandes cidades brasileiras, estão numa trajetória de não mais se envergonharem do lugar onde vivem, mas de afirmá-lo até o limite da glamourização, como ocorre sobretudo com as favelas do Rio.

APROXIMANDO-SE DA CULTURA:
RECONHECIMENTO E VALORIZAÇÃO DA DIVERSIDADE
NO SISTEMA EDUCACIONAL BRASILEIRO

A introdução, nas políticas educacionais, de práticas que levem em conta a cultura, sobretudo a diversidade cultural, relaciona-se diretamente com as demandas sociais por direitos culturais. A busca de eficiência também é um motivador, já que por diversos caminhos está demonstrado que grupos cultural e economicamente excluídos geralmente apresentam baixos indicadores educacionais. A escola, portanto, não deve funcionar como mais um fator de aprofundamento dessas desigualdades, o que implica combater as causas da desigualdade que se reproduzem no ambiente escolar.

Até os anos 1970, a abordagem da cultura nas políticas educacionais se orientou sobretudo por um enfoque bilíngue e bicultural, ou seja, por um reconhecimento das diferenças, mas sem a perspectiva de trocas. No caso do Brasil, somente a partir dos anos 1990 as políticas educacionais vêm reconhecendo o ambiente escolar como pluricultural e pluriétnico e, mais recentemente, vêm trabalhando o sentido positivo dessas diferenças.[8] Ao depararmos com resultados educacionais insatisfatórios, como ocorre hoje no Brasil, é sempre bom lembrar que o sistema público encontra-se diante de um duplo desafio, aparentemente contraditório: cabe a ele assegurar a aprendizagem básica e, ao mesmo tempo, dar resposta às necessidades específicas, ou seja, ao lado dos esforços de universalização do acesso para uma população cada vez maior, a escola passa a demandar mais e mais diferenciação, mais adaptação a seus contextos, especialmente culturais e linguísticos.

Dentre as políticas de reconhecimento e valorização da diversidade no sistema educacional brasileiro, a mais tradicional delas é, sem dúvida, a educação escolar indígena, obrigatória desde a Constituição Federal de 1988. Desde então, uma série de iniciativas vêm sendo tomadas, como se registrará adiante. Na busca de articular temas diversos sob a ótica da diversidade, em 2004, o Ministério da Educação criou a Secretaria de Educação Continuada, Alfabetização e Diversidade (Secad). Uma pesquisa contratada pelo MEC/Secad/Inep e concluída em 2009 traz resultados, se não totalmente novos ou inesperados, muito relevantes para a compreensão de como o ambiente escolar no Brasil se relaciona com a diversidade.[9]

Executada pelo Centro de Desenvolvimento e Planejamento Regional de Minas Gerais (Cedeplar - UFMG) e pela Fundação Instituto de Pequisas Econômicas (Fipe - USP), a pesquisa abrangeu uma amostra de 501 escolas públicas de todo o país e entrevistou 18,5 mil pessoas da comunidade escolar — alunos, professores, funcionários e pais. O foco recaiu sobre as percepções do preconceito e da discriminação, sobre violência psicológica e física e sobre a relação entre preconceito e discriminação ante o desempenho escolar. O preconceito foi abordado segundo sete áreas: étnico-racial, de gênero, geracional, territorial, de orientação sexual, socioeconômica e de pessoas com necessidades especiais. Registre-se que

---

[8] Ver *Educación y diversidad cultural. Lecciones desde la práctica innovadora en America Latina*. Santiago: Orealc/Unesco, 2009.
[9] Pesquisa Nacional de Diversidade na Escola. MEC/Secad/Inep, 2009.

o conceito adotado para preconceito é o de uma disposição afetiva, que pode ou não se concretizar em um ato de discriminação.

Considerando um ou mais dos componentes apresentados, o preconceito está presente na quase totalidade da comunidade escolar: 99,3% demonstram algum tipo de preconceito — étnico-racial, socioeconômico, de gênero, geração, orientação sexual ou territorial ou em relação a pessoas com algum tipo de necessidade especial. A maior abrangência, nesse caso contrariando expectativas, é do preconceito contra pessoas com necessidades especiais (96,5%), superior ao étnico-racial (94,2%) e ao de gênero (93,5%).

Observou-se também que preconceito e discriminação não ocorrem de maneira isolada nas escolas e não afetam apenas um ou poucos grupos sociais. Em outras palavras, nas escolas em que os respondentes apresentam maior nível de preconceito em relação a um tema, o fazem também quanto aos demais; se um determinado grupo social é mais afetado em uma escola, os demais também o serão.

Mais relevantes no contexto de uma reflexão sobre o papel da cultura nos processos educativos são os achados que resultam de correlações que a pesquisa permitiu estabelecer. O primeiro diz respeito à idealizada neutralidade da educação, de seu compromisso de não privilegiar nenhum credo, cultura ou procedência e colaborar para a superação de preconceitos. Na prática, o que se observa é que a educação pode estar sendo um fator de reforço daqueles já existentes, já que professores e autoridades escolares reproduzem sistemas de pensamento e atitudes que são excludentes, por meio de seus gestos, posturas e falas. Ou seja, acabam fazendo eco, no ambiente escolar, às imagens negativas e aos estereótipos em meio aos quais muito provavelmente foram socializados.

Outro achado diz respeito às correlações entre preconceito e desempenho escolar, que apontam para uma relação direta entre as ações discriminatórias e o desempenho dos alunos. Por meio de cruzamentos com os resultados da Prova Brasil de 2007,[10] observou-se que, nas escolas com maior ocorrência de ações discriminatórias, as notas da Prova Brasil tenderam a ser menores. Ainda quanto ao desempenho, as escolas com grande ocorrência de agressões, simbólicas ou de fato, contra professores e funcionários, encontram-se numa situação de desestruturação institucional, e é quando isso ocorre que o desempenho alcança os piores níveis.

---

[10] A Prova Brasil avalia as habilidades em Língua Portuguesa e Matemática do universo dos estudantes de todas as escolas públicas urbanas do Brasil com mais de vinte alunos, matriculados no 5º e no 9º ano do Ensino Fundamental.

Cabe comentar os campos específicos em que a política educacional se relaciona com temas culturais, buscando com isso apontar, no final, algumas sugestões.

A mais tradicional dessas políticas, conforme dito, é a educação escolar indígena, tornada obrigatória pela Constituição Federal de 1988, prevista pela Lei de Diretrizes e Bases da Educação (LBD) de 1996 e pelo Plano Nacional de Educação de 2001 como educação bilíngue, intercultural, comunitária, específica e diferenciada. Considerada uma política de sucesso, sua meta para 2010 é a de universalizar a oferta até o 5º ano do Ensino Fundamental.

Um debate recorrente em torno dessa política continua sendo a federalização, ou seja, segmentos defendem que há uma incompatibilidade na gestão da Educação Escolar Indígena pelos municípios, a quem cabe prioritariamente a responsabilidade pelo ensino fundamental. Como se trata de um sistema relativamente oneroso em razão de fatores como a distância das aldeias, a pouca disponibilidade de professores, turmas reduzidas e materiais específicos e, ainda, como é justamente no ambiente mais próximo que se verificam os maiores conflitos e preconceitos contra os indígenas, os defensores da federalização entendem que o modelo sempre será ineficiente se mantido sob a gestão das prefeituras. Por outro lado, retirar do nível local a atribuição de se relacionar com os indígenas por meio da escola poderia até implicar maior eficiência, mas representaria também evitar a essência do problema, uma vez que, ao afastar as comunidades do entorno da escola indígena, estaria também sendo afastada a possibilidade de construção de algum diálogo.

O depoimento do professor guarani Algemiro Poty, quando do lançamento de livro em sua língua para uso nas escolas, diz exatamente da frustração que representa para o professor ver seu trabalho de valorização da cultura indígena nas aldeias ser desmontado quando o índio se defronta com a discriminação presente nas cidades vizinhas:

> (...) o que está escrito nesse livro o nosso aluno já sabe; ele aprendeu a ter orgulho de ser guarani. Mas cada vez que sai da aldeia e vai vender artesanato em Angra ou Parati, ele desaprende tudo que aprendeu aqui. (...) A escola do "Juruá" (o branco) não ensina pros seus alunos quem somos e nem mostra a importância dos índios para o Brasil. Aí o aluno sai dessa escola e trata o índio com preconceito e ai acaba ensinando a gente a ter vergonha de ser índio, estragando todo o trabalho da escola guarani...[11]

---

[11] Freire Bessa, Jose Ribamar. "Mainoí e Axi'já: esboço do mapa da educação indígena no Rio de Janeiro", in Bello, Donaldo e Faria, Lia (orgs.). *Desafios da educação municipal*. Rio de Janeiro: DP&A, 2003.

As principais necessidades apontadas pelos especialistas em educação indígena denotam uma abordagem muito atual do que seja o patrimônio cultural indígena, ou seja, denotam seu reconhecimento como tradição viva para a qual se devem buscar meios de inserção contemporânea. Isso equivale a ir além do Ensino Fundamental e ter presença nas universidades, valorizando todos os meios de extroversão das culturas indígenas. O professor Bessa Freire sintetiza que a questão hoje é aprender na língua e não apenas a língua; ou seja, pensar na língua indígena, produzir e disseminar materiais na língua, inclusive usando novas tecnologias, como a Internet.[12]

Outra vertente da temática étnico-racial está nas disposições da Lei n. 11.645, de 2008, que alterou a LDB, e lei análoga, a 10.639, determinando que "nos estabelecimentos de Ensino Fundamental e de Ensino Médio, públicos e privados, torna-se obrigatório o estudo da história e cultura afro--brasileira e indígena". A lei diz ainda que o conteúdo programático incluirá o estudo da história da África e dos africanos, a luta dos negros e dos povos indígenas no Brasil, a cultura negra e indígena brasileira e o negro e o índio na formação da sociedade nacional, resgatando suas contribuições nas áreas social, econômica e política. A previsão legal é de que tais conteúdos sejam ministrados transversalmente no currículo escolar, em especial nas áreas de educação artística, literatura e história.

Os especialistas consideram que as leis 10.639/2003 e 11.645/2008 são parte importante da nova perspectiva de interpretação das relações sociais no Brasil pelos sistemas de ensino e correspondem, junto com outras medidas, à superação da tese da democracia racial por esses sistemas. Em síntese, a lei rejeita o ideal que prevaleceu no Brasil, por muitas décadas, de existência de uma "raça brasileira", resultante do amortecimento de práticas e valores culturais indígenas e africanos, em favor de um branqueamento que seria a chave da cidadania e do sucesso.[13]

A lei responde claramente aos movimentos sociais contra a discriminação, mas não trará os resultados desejados se tratada como mais uma segmentação, desprovida de um projeto político-pedagógico consistente, em que a abordagem da temática esteja presente tanto na sala de aula quanto nas horas de atividades interdisciplinares e coletivas.

Sua implementação é ainda tímida se considerarmos que lei a anterior, a 10.639, que continha as mesmas disposições, mas referentes apenas à

---

[12] *Se eu fosse os índios: as línguas Coluna*, de José Ribamar Bessa Freire, no site http://www.patrialatina.com.br, maio 2009.
[13] Paulo Alberto Santos Vieira, e Valter Roberto Silvério. *Tempos presentes: políticas públicas contra as desigualdades étnico-raciais no Brasil. Lei 10.6389 e 11.645*, em www.posgrap.ufs.br.

temática africana, está em vigor desde 2003. Faltam materiais e estratégias capazes de estimular a instrumentar os professores para trabalhar com a abordagem transversal, como a lei pede e como é fundamental que aconteça. Em parte, o problema vem sendo abordado atualmente pelo MEC, que, em cooperação com a Unesco, trabalha para oferecer um elemento importante, mas ainda não suficiente, que é a tradução da coleção da História da África produzida pela Unesco e a produção de material didático a partir dela.

A EDUCAÇÃO ARTÍSTICA

Também prevista na LDB, a educação artística passa por uma fase de afirmação no país, com a exigência legal de maior profissionalização dos professores e uma profusão de debates e trocas de experiências entre os educadores. Os atuais debates nesse campo instigam os educadores a irem além de abordagens que, por muito tempo, estimularam a expressão criadora nos alunos por meio de um viés muito mais manual e emocional do que mental. Além disso, demandam que o ensino das artes se liberte de um excessivo vínculo com as artes plásticas para explorar outras e novas linguagens.

Embora para tanto se exija uma razoável sofisticação, nem sempre ao alcance dos educadores, mais do que se dedicar às linguagens como um fim em si, a arte na escola deveria contribuir sobretudo para o desenvolvimento de formas sutis de pensar, comparar, interpretar, construir e decifrar metáforas. Além disso, como a experiência artística, por sua natureza, resulta justo da atração pelo Outro, pelo diferente, pelo desconhecido, nesse campo a diversidade não é problema, mas é fonte, é alimento. Nessa perspectiva, as artes no ambiente da escola podem suscitar experiências de convívio que vão além do politicamente correto, além da simples tolerância ou do respeito pelo outro, mas possibilitam interagir com o diferente como objeto de desejo, curiosidade e experimentação.

Por reconhecer esses atributos da experiência artística, proliferam no país, não restritos ao ambiente da escola formal, projetos sociais endereçados a populações de áreas urbanas com altos níveis de violência, que se valem do ensino das artes como meio para afastar as crianças do tráfico de drogas ou de outras formas de risco. Como são projetos sociais e não culturais, ou seja, em que arte e cultura são um meio para algum objetivo social a ser atingido, são frequentes a baixa qualificação dos professores de artes e as poucas chances de um aprendizado mais qualificado, que possibilite trocas e abertura de horizontes. Resulta que muitos desses projetos têm levado a uma produção artística que, embora sempre vista com boa vontade, é sabidamente de baixa qualidade, o que acaba por favorecer a reprodução da segregação em que essas populações já se encontram e frustrar as expectativas de profissionalização de muitos alunos.

O ENSINO RELIGIOSO

Finalmente, entre os segmentos em que os sistemas educacionais se relacionam diretamente com a cultura está o ensino religioso. É essencial lembrar que, de acordo com a Constituição Federal, o Estado brasileiro é laico, ou seja, não permite que suas instituições interfiram nos assuntos religiosos, estabeleçam relações de dependência ou aliança com cultos religiosos, igrejas ou seus representantes, nem criem distinções entre brasileiros por razões de credo ou religião. Ocorre que a mesma Constituição de 1988, em seu artigo 210, estabelece a obrigatoriedade do Estado de oferecer o ensino religioso nas escolas públicas de Ensino Fundamental. O artigo 33 da LDB estabelece que cabe aos sistemas de ensino regulamentar os procedimentos para definição de conteúdos e que, para isso, os estabelecimentos "ouvirão entidade civil, constituída pelas diferentes denominações religiosas".

A lei dá margem a diferentes atitudes por parte dos estados. Os dois casos mais emblemáticos, por terem tido, com base no mesmo instrumento legal, atitudes opostas, são o de São Paulo e o do Rio de Janeiro. Em São Paulo, a disciplina trata essencialmente da história das religiões e do respeito aos valores, às culturas e à diversidade religiosa. No Rio de Janeiro, um concurso público para a seleção de professores, tomando por base os percentuais da população brasileira adeptos das diversas religiões, estabeleceu cotas correspondentes para professores conforme sua orientação religiosa. A partir daí, a seleção ouviu, como diz a lei, as entidades religiosas que referendaram ou não os candidatos. Os professores selecionados praticam então um ensino nitidamente confessional, ou seja, o ensino de uma determinada doutrina religiosa. Embora facultativa para os alunos, sabe-se que a disciplina está intercalada na grade horária, o que acaba criando dificuldades para a escola e para os alunos que queiram se ausentar, além de configurar uma circunstância de divisão de grupos dentro das salas de aula.

A norma vigente cria um impasse de difícil solução. A opção adotada por São Paulo, de conciliar o previsto na LDB com a perspectiva do Estado laico, à luz do que afirma o bispo dom Fillipo Santoro, não seria ensino religioso como pretende a lei. Segundo o bispo, "o ensino religioso não deve ser entendido como alusivo a uma religião genérica, aconfessional, indefinida, já que tal 'religião' não existe. Seria pura abstração mental, sem correspondência na realidade da vida e da sociedade humana".[14]

Como, apesar de ter oferta obrigatória nas escolas públicas, a disciplina é facultativa para os alunos, os livros didáticos não passam pelo crivo do MEC; portanto, pouco se sabe sobre como esses conteúdos estão chegando aos alunos. Estudo em andamento pela Unesco aponta evidências de que tais conteúdos podem favorecer uma série de conflitos com outros valores e conhecimentos que a escola vem se esforçando por transmitir, tanto no campo do respeito à diversidade como até mesmo no campo das Ciências.

CONCLUSÕES: QUANDO O POLITICAMENTE CORRETO NÃO É SUFICIENTE

A cultura é comumente associada a tudo aquilo que buscamos como aspiração mais elevada, daí seu comparecimento nas estratégias educacionais como uma espécie de coroamento, de aprimoramento, de lustro, quando alguns objetivos básicos já tiverem sido atingidos. Mas, em seu sentido pleno, a experiência cultural não foge do conflito; ao contrário, é uma constante tensão entre destruição e recriação, entre barbárie e civilização. O desafio do educador não deve ser, portanto, o de apontar para a miragem de um mundo harmônico e perfeito, mas o de estar preparado, afetiva e intelectualmente, para interferir quando os conflitos emergirem, favorecendo um ambiente seguro para a interação na diversidade, em que os alunos possam, sem medo, refletir sobre valores e questionar estereótipos.

As políticas de educação intercultural, como descritas sucintamente aqui, vêm sendo segmentadas por áreas ou contextos muito específicos: indígenas, afrodescendentes, populações tradicionais. Ainda que necessárias e relevantes, o mal-estar da educação, especialmente nos grandes ambientes urbanos, parece demandar outras fontes de explicação e de abordagem. Nas cidades emergem conflitos, entre desiguais sim, mas também entre iguais, que não encontram explicação apenas nas origens étnico-raciais ou regionais. Não apenas conflitos, mas indiferença e negação,

---

[14] *O Ensino Religioso no acordo entre Santa Sé e Estado Brasileiro*, dom Filippo Santoro, nov. 2008, http://www.cnbb.org.br.

que parecem ser a morte da experiência educacional, que pressupõe, antes de tudo, a troca.

Um tema não desenvolvido aqui, mas decisivo para a compreensão das relações no contexto da escola é o das comunicações, da explosão da interconectividade, gerando novas formas de relações entre as pessoas, empobrecendo ou mesmo extinguindo outras e deslocando a autoridade do conhecimento para além do professor e da escola. Comunicações que, na atual etapa do capitalismo, significam uma oferta incessante de imagens, uma cultura do espetáculo e do efêmero, que traz consigo a sensação de um eterno presente em que tudo é fluido, nada tem permanência ou valor, todo passado está perdido e toda a experiência está irremediavelmente superada.[15]

Em um mundo com tal complexidade e em constante transformação, a adesão dos alunos a uma proposta educativa não virá de um receituário de prescrições, por mais bem-intencionadas que sejam, mas terá mais chances se as estratégias pedagógicas forem combinadas com outras de caráter socioafetivo, sobretudo com a experimentação de projetos conjuntos e transversais; projetos que estabeleçam pontes entre os conteúdos e os modos de viver, resolver, criar, valorar e interpretar o mundo dos alunos e de suas comunidades.

Segundo Alejandro Castro Santender, a escola necessária hoje não mais é aquela que transmite conteúdos, já que existem meios cada vez mais fáceis e baratos para se fazer isso. A escola necessária hoje é, mais do que nunca, aquela voltada para a formação de valores e para a formação para a vida. Diante disso, a pergunta que, no final, nos cabe fazer é de como a reflexão no campo da cultura tem contribuído para enfrentar esses desafios, já que todas as soluções aqui relacionadas, ainda que parciais, estão sendo construídas apenas pelos educadores.

A descrição dos campos específicos em que a política educacional se relaciona com temas culturais mostra como a recíproca não é verdadeira, ou seja, como a agenda pública da cultura não tem sido capaz de interferir ou de contribuir com as políticas educacionais. Parciais ou não, suficientes ou não, a verdade é que as políticas que abordam temas culturais em curso na Educação Básica no Brasil, justo numa etapa tão decisiva da vida dos alunos, têm sido construídas praticamente sem a interlocução daqueles que produzem ou refletem sobre a cultura no Brasil. O indicador mais relevante dessa situação é que todo o esforço da educação de aproximar-se dos temas culturais tem sido traduzido, como dito, em abordagens

---

[15] Ver Maria Rita Kehl. *O tempo e o cão*. São Paulo: Boitempo, 2009.

setoriais, representadas pelo tratamento necessário, mas pouco orgânico e pouco integrado, de segmentos específicos da problemática cultural.

Mesmo reconhecendo as enormes dificuldades operacionais que isso implica, acredito que a contribuição a ser oferecida a partir das políticas culturais seria a de buscar meios para culturalizar o processo educacional de forma ampla, sugerindo uma dinâmica curricular e pedagógica que conduza à permeabilidade e à transversalidade. Só assim a presença da cultura na escola não estará fadada à hora das curiosidades, ou da festa de São João, ou à hora das artes, ou do respeito ao pluralismo e à diversidade cultural.

AS RELAÇÕES ENTRE POLÍTICAS CULTURAIS E POLÍTICAS EDUCACIONAIS: PARA UMA AGENDA COMUM

Alfons Martinell Sempere

APRESENTAÇÃO

A implantação progressiva dos sistemas educacionais como eixo das políticas educacionais dos Estados modernos transformou-se numa das ferramentas para o desenvolvimento mais importante deste século. Da mesma forma, a desigualdade em sua aplicação é um elemento imprescindível para analisar o fracasso das políticas de desenvolvimento da segunda metade do século XX. O sistema educacional é um elemento determinante nas diferenças entre os países do Sul e o Norte desenvolvido.

As políticas educacionais desenvolveram-se como políticas de Estado a partir do século XIX, mas principalmente no começo do século XX; aos poucos, porém, foram sendo acrescentadas as contribuições que desenvolveram os poderes regionais e locais como complemento ao sistema educacional oficial, de acordo com os ordenamentos de cada país. Podemos afirmar que a ação das políticas educacionais, em diferentes níveis, tem sido um dos aspectos essenciais das políticas públicas em muitos países, com grande aceitação pelo povo e um considerável consenso dentro das diferentes correntes políticas.

Por outro lado, mas com maior dificuldade, foram sendo reconstruídas as condições mínimas para o desenvolvimento das políticas culturais, tanto em escala estatal quanto local, que têm alcançado notável crescimento e identificação. Essas políticas têm encontrado mais dificuldades em gerar consensos para se integrar às políticas públicas e, o que é mais importante, têm se desenvolvido muito mais tarde (décadas de 1960 e 1970). Apesar de sua evolução e implementação, ainda hoje elas encontram sérias dificuldades para sua consolidação e para sua presença nos gastos públicos e nas prioridades das agendas políticas.

As diferenças entre essas políticas e seus agentes sociais não excluem suas mútuas influências, bem como suas recíprocas faltas de conhecimento em muitos processos de gestão, implementação e coordenação — tema que se transformou em um ponto de atenção e interesse ante as crises dos sistemas educacionais, que pareciam estar muito consolidados.

As sociedades complexas, como esta em que nos cabe viver, geram uma grande variedade de políticas e setores que se configuram dentro de lógicas, linguagens e mecanismos diferentes. Não há dúvida de que o crescimento da complexidade exige um nível de complementaridade e interdependência muito mais alto. Cada vez mais, os problemas, situações ou necessidades de nossa sociedade não têm uma abordagem única, uma leitura isolada, unidisciplinar, que os explique e ajude na procura por soluções. Essas situações exigem estudos em profundidade de suas particularidades e das relações que elas mantêm entre si.

Esse é o caso das relações entre as políticas culturais e as políticas educacionais. (Evitamos, aqui, discutir simplismos do tipo que uma boa política educacional já é política cultural ou outras formas de entender que cultura e educação sejam a mesma coisa.) Atualmente já é evidente, apesar de certo desconhecimento, a necessidade de desenvolver políticas autônomas e com finalidades e objetivos diferentes e que, em seu conjunto, representem um campo de reflexão de grande importância social.

Nesse sentido, colocamos algumas questões:

Podem as políticas educacionais e culturais alcançar seus objetivos isoladamente, sem estabelecer espaços de complementaridade ou colaboração?

— Como podemos gerar sinergias entre as potencialidades dos objetivos de cada uma dessas políticas?
— Como poderíamos aumentar a rentabilidade, o impacto ou o efeito das políticas educacionais e culturais?

Não temos respostas marcantes para essas perguntas e outras que, partindo da prática, fazemos diariamente a nós mesmos, mas todas elas configuraram um campo de reflexão imprescindível em nossas sociedades contemporâneas, razão pela qual consideramos ser necessário abrir um debate sobre esses novos desafios da gestão cultural. Nesse trajeto, é preciso um esforço para superar posições defensivas ou obstinadas, por meio de uma nova conceitualização de certas práticas, do estudo dos sistemas participantes e da colocação de novos experimentos que nos tragam mais conhecimento sobre o tema.

Nas reflexões que seguem, pretende-se contribuir com elementos para a construção de conceituais referentes, que permitam ir adiante no conhecimento das relações e interdependências entre as políticas culturais e as políticas educacionais.

Também é necessário identificar possíveis campos de atuação que permitam um melhor aproveitamento dos recursos disponíveis e o diagnóstico das mudanças necessárias para uma adequação ao futuro. Nesse processo, consideramos imprescindível uma aproximação de conceitos e linguagens que permita um trabalho mais a fundo em todos os serviços relacionados a esses temas. E, acima de tudo, criar as bases para esquematizar e elaborar novos projetos nesses setores sociais.

> A educação e a cultura podem ser entendidas de muitas maneiras. Em relação à cultura, a educação poderia ser definida como um processo que consiste em inculcar nos jovens os valores e as convicções, herdados da tradição e devidamente modernizados, que existem no cerne de uma cultura. A educação é o vetor que transmite a cultura, ao passo que a cultura define a moldura institucional da educação e ocupa um espaço essencial em seus conteúdos. Convém ressaltar que a educação encontra-se no centro do sistema de valores, e os valores são os pilares em que a educação se baseia. Postas a serviço das necessidades do ser humano em matéria de desenvolvimento, a educação e a cultura são, tanto uma quanto a outra, os meios e as finalidades desse desenvolvimento.[1]

ENSAIO COMPARATIVO ENTRE POLÍTICAS CULTURAIS E EDUCACIONAIS

As políticas do Estado do Bem-Estar Social e o desenvolvimento de um conjunto de responsabilidades perante problemas que até este momento estavam na esfera privada geraram um incremento em diferentes políticas públicas que obrigam que a administração se adapte a novas realidades, o que, forçosamente, resulta na criação de novas estruturas de intervenção social.

Nesse sentido, o crescimento de diferentes políticas obriga cada uma delas a assumir os desequilíbrios que podem existir entre um setor e a sociedade em geral, isto é, existe tensão no papel a ser desempenhado por uma política concreta no conjunto de políticas públicas. As dificuldades aumentam quando, no desenvolvimento dessas políticas, não é só o Estado que intervém, mas são incorporados outros agentes sociais que assumem, partindo do setor privado ou do terceiro setor, a responsabilidade de executar e gerir políticas determinadas.

Uma sociedade complexa gera uma grande variedade de políticas, que são configuradas a partir de diferentes fundamentos que tentam

---

[1] Zhou Nanzhao. "Interacciones entre educación y cultura para el desarrollo económico y humano. Un punto de vista asiático", in Delors, J. *Educação: un tesoro escondido*. Madri: SM/Unesco, 1996.

influir na ordem das prioridades ou hierarquias de intervenção. O aumento da complexidade de nossas realidades exige um nível maior de interdependência, o que aumenta a dificuldade dos responsáveis por essas políticas para encontrar complementaridades e sinergias. Nesse sentido, as relações entre políticas que, por seus conteúdos, requerem essa complementaridade encontram dificuldades, em razão de suas próprias estruturas internas, que dificultam a articulação com outras com as quais teriam de encontrar sinergias e campos afins para uma maior eficácia social.

Exemplo dessa problemática é a relação entre políticas culturais e políticas educacionais partindo da percepção majoritária de que são um conjunto de ações com alto nível de interdependência e complementaridade, mas que, na prática, encontram sérias dificuldades de articulação por diferentes razões, entre elas suas estruturas intrassistêmicas.

Na prática, as relações entre cultura e educação sempre têm encontrado problemas em suas lógicas. Durante muitos anos (e de novo agora) foram consideradas como inseparáveis por nossas estruturas estatais que, em geral, têm tentado unificá-las em um único Ministério da Educação e Cultura, com uma certa ilusão de complementaridade que não se viu refletida na prática, com resultados eloquentes de suas complementaridades — principalmente pelo desequilíbrio orçamentário e quantitativo entre umas e outras e, também, por sua importância e repercussão social em curto prazo.

O crescimento das políticas culturais e a necessidade da intervenção do Estado na regulação do interesse geral na cultura gerou, a partir dos anos 1970, em muitos países, o surgimento de estruturas próprias de gestão da cultura. A criação de Ministérios da Cultura é considerada uma baliza importante no grau de concientização de uma sociedade em relação ao setor cultural. A existência dessas estruturas especializadas permite um diálogo de igual para igual dentro do conjunto das diferentes políticas públicas e o estabelecimento de uma relação de complementaridade e interdependência, como já mencionados anteriormente.

Por essa razão, convém traçar algumas linhas de reflexão comparativa sobre as características das políticas culturais e das políticas educacionais a fim de encontrar elementos que nos permitam propor formas de superar algumas dificuldades que, em alguns níveis, colocam-se como insuperáveis. Com essa comparação, não pretendemos fazer nenhum juízo de valor sobre sua importância, mas apresentar uma visão dessas características internas em forma de códigos ou formas que incidem na articulação dessas políticas e podem deixar evidentes certas dificuldades se quisermos caminhar para uma maior sinergia entre a ação da cultura e da educação, necessária para poder desenvolver novos planos e projetos no futuro.

Apresentamos esse exercício de comparação em torno de catorze características que nos parecem significativas para entender as diferenças entre políticas culturais e políticas educacionais:

Diferenças entre necessidades educacionais e culturais

As políticas educacionais se desenvolveram a partir da interpretação e tipificação de uma necessidade generalizadora para toda a população. A escola para todos ou o ensino para todos apresenta um nível de homogeneização para o conjunto dos cidadãos, que é baseado no princípio da igualdade de oportunidades e garante alguns direitos básicos. Essa tendência para tipificar uma necessidade generalizável representa uma facilidade para o desenvolvimento da própria política, já que, a partir desse acordo, pode-se apresentar um plano de atuação muito mais eficiente, que permita sua avaliação e continuidade de acordo com alguns indicadores precisos.

Por outro lado, com as políticas culturais não se pretende cobrir as mesmas necessidades para toda a população, já que as necessidades culturais são baseadas na diferenciação e, acima de tudo, na procura da diversidade e no incentivo à diversidade e à excepcionalidade. Não existe um princípio de atividades básicas generalizáveis, pois apresenta-se como necessidades culturais muito heterogêneas que se baseiam no princípio da liberdade e da opção do cidadão. Por essa razão, as políticas culturais não podem ser medidas nem planificadas do mesmo modo que outro tipo de políticas, já que aquelas demandam características diferentes, tanto a partir da base da realidade territorial quanto das características pessoais dos cidadãos. É interessante o conceito de liberdade cultural proposto por "Nossa diversidade criativa" (Unesco) comparado com o conceito de liberdade educacional ou de educação para todos, que tem sido um dos princípios que desenvolveu a política educacional durante os últimos anos.

Nesta seção, deixamos evidente que a falta de políticas de necessidades tipificadas é um elemento que dificulta a articulação de políticas e, principalmente, enfraquece sua argumentação no momento da planificação e de sua execução, deixando grande parte de sua atuação no campo das opiniões e da subjetividade, o que apresenta certas dificuldades de argumentação política.

Integração e consolidação no conjunto das políticas públicas

É evidente que as políticas educacionais foram desenvolvidas basicamente a partir dos séculos XIX e XX e que se encontram em uma situação muito consolidada nas prioridades políticas e nas estruturas do Estado, qualquer que seja o nível de desenvolvimento de um país. Apesar de realidades diferentes, é evidente que o Estado inclui a política educacional dentro do que lhe compete, e ela é avaliada pelo conjunto de sua atuação a partir do nível de responsabilidade e participação trazido pela educação.

Em compensação, as políticas culturais encontraram sérias dificuldades para integrar-se e consolidar-se dentro do conjunto das políticas públicas. Ainda hoje, existem coletivos importantes que acreditam que o Estado não tem de assumir responsabilidades no campo da cultura e que esta deve ser deixada nas mãos do mercado e da iniciativa individual. Lentamente, estruturas mínimas foram estabelecidas, mas as políticas culturais encontram-se sempre na fronteira entre sua colocação à margem e sua inclusão no conjunto das políticas públicas, de acordo com a capacidade que as administrações possam ter para prescindir delas ou de situá-las fora do núcleo duro da ação pública em um país.

Esse nível de integração entre políticas culturais e políticas educacionais representa uma dificuldade de articulação, em razão da variabilidade da presença ou da importância das políticas culturais de acordo com as flutuações da alternância política e da representação democrática.

Justificativa da intervenção pública

Quando falamos de justificar a intervenção pública, conforme o que foi dito na seção anterior, constatamos como são fracas as políticas culturais nesse campo: a maioria das políticas está centralizada nos princípios de conservação e manutenção das estruturas estatais e gerais, deixando de lado processos de criação, difusão e produção de fenômenos mais contemporâneos. Nesse sentido, a cultura tem de fazer muitos esforços para demonstrar sua inclusão nas prioridades da intervenção pública e do interesse geral, com grande dificuldades e poucos aliados.

A intervenção pública na educação, pelo contrário, está definida na maioria dos marcos constitucionais, porque a educação é considerada um princípio fundamental e imprescindível, que não exige maiores discussões do que a sensibilidade para a distribuição dos fundos disponíveis em uma determinada realidade.

Crescimento e implementação

As políticas educacionais têm crescido e sido implementadas basicamente a partir do século XX, de modo gradual, a partir de certas proposições do século XIX e, mais concretamente, a partir de certas políticas de apoio e desenvolvimento de organismos internacionais como a Unesco, a OCDE etc.

Esse crescimento tem sido constante, uma vez que se conseguiram cotas de implementação em amplos setores da população, isto é, com a transição da escolarização parcial à escolarização majoritária, de acordo com a realidade socioeconômica de cada país. A educação é um elemento fundamental no estudo dos indicadores de desenvolvimento humano realizado anualmente pelo Programa das Nações Unidas para o Desenvolvimento (PNUD). Nesse processo, as políticas educacionais permitem que se vá criando uma estrutura, que cresce ordenadamente e se desenvolve, ocupando mais territórios, a fim de alcançar toda a população.

As políticas culturais são um fenômeno recente, tal como elas são entendidas atualmente dentro do quadro democrático, fenômeno que teve crescimento muito rápido e constante a partir da década de 1960 em alguns países e nos anos 1980, em outros com menos oportunidades. Esses processos de crescimento são muito desiguais e respondem a diferentes fatores que, hoje, estão pouco estudados, apresentam-se em realidades muito diferentes e carecem de indicadores precisos que nos permitam estabelecer pontos de comparação. Não podemos esquecer que, no campo das estatísticas dos indicadores culturais, embora recentemente se tenha avançado muito, não existem acordos explícitos que permitam avaliar seu desenvolvimento e sua implementação.

Evolução do crescimento

O crescimento das políticas culturais tem sido acompanhado por um aumento na demanda e no consumo cultural, fruto das mudanças tecnológicas e do desenvolvimento de novas formas de comunicação. As causas fundamentais são: o surgimento de novos atores sociais, que canalizam e distribuem os produtos culturais, e a revalorização do consumo cultural dentro do conjunto da vida dos cidadãos. Esse crescimento está acompanhado por mais ações em nível local e pelo desenvolvimento de uma política de comunicação que põe em contato o cidadão com produtos e realidades de amplo alcance territorial.

Por outro lado, o crescimento das políticas educacionais está muito subordinado aos níveis da contribuição do Estado e ao desenvolvimento socioeconômico do país. Por essa razão, são produzidos dois tipos de situações muito diversas: por um lado, o dos países mais desenvolvidos, que conseguiram um nível aceitável de escolarização e, a partir desse momento, centralizam seu crescimento em aspectos qualitativos (diminuição do número de alunos por classe, aumento dos anos de escolaridade, integração de pessoas com necessidades especiais etc.), mas sofrem uma queda demográfica que, anualmente, faz retroceder o nível de demandas feitas ao sistema educacional.

Os países com maiores dificuldades socioeconômicas apresentam crescimento estagnado em razão de sua situação política e econômica e também não alcançam os níveis mínimos de aceitação do sistema educacional. Entretanto, talvez essa interpretação de sua realidade esteja determinada por um modelo de sistema educacional e de crescimento que está imposto, em certos contextos, a partir de modelos culturais dos países do Norte, sem que se adapte bem à realidade de certas situações com menos recursos disponíveis.

NÍVEIS DE PARTICIPAÇÃO DO ESTADO

Nas políticas educacionais, a participação do Estado está muito consolidada por meio de dotações orçamentárias mantidas em níveis estáveis, com ocasionais retrocessos ou processos de expansão e crescimento em função da situação econômica. Em suma, a dotação de recursos públicos está muito bem representada e não apresenta nenhuma dificuldade em se justificar.

Pelo contrário, as políticas culturais dispõem de subvenções orçamentárias do Estado muito menores, que, em alguns casos, chegam a níveis ridículos e precisam constantemente justificar esse gasto público diante de certas realidades. É evidente que alguns dos órgãos internacionais de controle ou de apoio creditício ao desenvolvimento não compreendem da mesma maneira a dotação orçamentária para a educação e a feita para a cultura, o que provoca situações muito críticas, como foi possível observar nos últimos planos de ajuste estrutural na América Latina.

Nesse sentido, a cultura ainda sofre pela falta de consolidação de sua dotação pública em razão de uma hierarquização das prioridades que não vê a necessidade de o Estado intervir ativamente nesse setor.

Os CONTEÚDOS DAS POLÍTICAS CULTURAIS E DAS POLÍTICAS EDUCACIONAIS

Os conteúdos das políticas educacionais são muito concretos e específicos; estabelecem limites muito claros dos campos de atuação em que irão intervir as políticas educacionais clássicas. O sistema educacional, no nível possível para uma realidade, cobre uma parte importante das necessidades educacionais dos cidadãos, que se enquadram em um programa curricular em seus diversos níveis. Embora ampliem, aos poucos, seus campos de atuação, comprometem-se apenas a cobrir os processos de escolarização de nível primário, secundário e universitário, que são os que oferecem a formação e a titulação necessárias para o exercício profissional e da cidadania.

As políticas culturais são um grande recipiente com capacidade para incorporar vastas temáticas e atribuições. As atribuições básicas que foram estabelecidas no final do século XIX e começo do XX — grandes infraestruturas de museus, arquivos, teatros nacionais etc. e funções de conservação e manutenção — ampliaram-se muito, e o conteúdo da política cultural é elástico como a própria evolução da sociedade. A cultura é mais sensível às mudanças sociais e tende a ser incorporada a novos setores, sem perspectiva cultural prévia. As políticas culturais têm conteúdos muito amplos e são utilizadas para muitas funções; portanto, é difícil estabelecer os limites precisos e regulamentares de sua atuação. Essa margem de liberdade é adequada para maior flexibilidade e adaptabilidade ao ambiente, mas, por outro lado, dificulta definir as responsabilidades dos órgãos competentes, uma vez que à maior elasticidade corresponde a um nível menor de atribuição de responsabilidades.

NÍVEL DE ELABORAÇÃO TÉCNICA DAS POLÍTICAS

É evidente que as políticas educacionais têm um nível muito amplo de elaboração técnica e concretude, que requer negociações com todos os agentes que, de algum modo, permitam estabelecer os níveis e objetivos educacionais de cada uma das etapas pelas quais se responsabiliza. Nesse sentido, as políticas educacionais atingem altos níveis de concretude e requerem amplos processos de adaptabilidade (chamados de "reformas"), que implicam processos muito complexos de mudança e adequação. Esse nível de elaboração técnica gera, como veremos mais adiante, a necessidade de estruturas técnicas muito consolidadas e especializadas em inúmeras situações que devem ser previstas para seus processos posteriores.

As políticas culturais, pelo contrário, são muito fracas em sua elaboração e conceitualização técnica, embora tenha havido muitos progressos nesse nível. Não existem sistemas completos de elaboração e negociação, nem estão disponíveis cânones preestabelecidos que permitam a estruturação de uma política cultural. Essa margem de liberdade corresponde à idiossincrasia da cultura, mas também a certa leviandade, que deixa a ação cultural nas mãos de certa improvisação ou ao arbítrio de setores concretos de nossa sociedade que influem nos processos de decisão. Recentemente, a elaboração de planos estratégicos e de cultura representou um importante progresso qualitativo, mas não conseguiu alcançar o consenso, aceitação e concretude a que se chega nas políticas educacionais. Apesar desse desejo, temos de sustentar que as políticas culturais demandam essa margem dinâmica de elaboração constante, já que é muito difícil prever sistemas, em cultura, de necessidades de curto e médio prazos.

NÍVEL DE LEGISLAÇÃO E NORMATIZAÇÃO DAS POLÍTICAS

Conforme os princípios já revistos, é evidente que o sistema educacional apresenta um nível de regulação muito amplo, que abrange tanto aspectos fundamentais e constitucionais como outros muito concretos de sua gestão e aplicação, desde o direito à educação até a programação educacional em um nível concreto de seu próprio sistema. Esse alto nível normativo requer esforços consideráveis que evidenciam o papel e o poder que tem o Estado sobre todo o desenvolvimento das políticas educacionais. Apesar do avanço das responsabilidades, quanto à cultura, das administrações locais, na maioria de nossos países sua função no conjunto das políticas educacionais é muito reduzida. Esse nível normativo obriga a manter uma estrutura muito potente e também restringe os níveis de liberdade em projetos autônomos, o que gera estruturas muito dependentes e, acima de tudo, uma justificativa da ação pública, em razão do alto nível normativo em que são estabelecidas as responsabilidades e as contribuições de cada organismo para o desenvolvimento dessas políticas.

Nas políticas culturais, não existe excesso de legislação especializada, e ela se desenvolve a partir de postulados que sustentam propostas e sugestões, mais do que de uma regulamentação detalhada sobre sua ação. Exceto no campo do patrimônio e alguns outros muito determinados, a maioria das ações encontra um amplo nível de liberdade por causa do que se poderia chamar de "alegalidade", isto é, falta de marco normativo que as regule. Em muitos países, essa circunstância produziu perdas significativas de valores do patrimônio, como a proteção a sua própria produção cultural ou a perda dos direitos autorais etc. Apesar de, recentemente, ter se registrado a tendência para uma maior estruturação normativa, a falta de legislação demonstra a pouca preocupação dos poderes legislativos nesse setor e enfraquece enormemente o setor da cultura ante os desafios que tem de assumir num mundo globalizado, cujos mercados, cada vez mais, incorporam os valores culturais como valores econômicos.

Tradição da estrutura administrativa

Conforme assinalamos nas seções anteriores, as políticas educacionais dispõem de uma administração muito sólida e potente, com muitos anos de funcionamento, que, com uma estrutura muito hierarquizada, organiza a cultura em diferentes níveis de concretude e gera um dispositivo muito amplo com algumas dificuldades de forma. Apesar dos grandes esforços nesse campo, o próprio sistema encontra certa dificuldade para reformar a si mesmo na maioria dos países e encontra dificuldades para mudar o potente marco normativo já mencionado. A existência de uma administração educacional apresenta um aspecto positivo na acumulação de experiências e conhecimentos, que permitem prever muitas situações e manter algumas atividades que não são perdidas graças a esse detalhe do funcionamento. Hoje em dia, esses contextos encontram-se muito pressionados pelos processos de burocratização e pelas dificuldades de adaptação às rápidas transformações de nosso mundo. Alguns autores consideram que a maior dificuldade de adaptação das políticas educacionais encontra-se nessa estrutura, que custou muitos anos para se consolidar e que se volta contra suas próprias finalidades.

Com exceção do setor do patrimônio e da leitura pública, a administração cultural dispõe de muito pouca tradição e mostra sua manifesta fraqueza diante do sistema administrativo geral, tanto por sua escassa importância quantitativa em nível econômico quanto por sua pequena estruturação em um sistema com certa tradição. Existem algumas exceções, mas a administração da cultura não exige sistemas nem aptidões muito complexos, já que se apresenta como um campo sem grandes dificuldades de adaptação. Esse elemento é um dos fatores mais preocupantes das políticas culturais, junto com a falta de pessoal capacitado para a elaboração técnica de estruturas eficientes e capazes de gerir políticas de acordo com as necessidades da sociedade contemporânea.

POLÍTICAS E PROCESSOS DE CENTRALISMO E DESCENTRALIZAÇÃO

Em consonância com as características anteriores, nas políticas educacionais são mantidas estruturas muito centralizadas e com muito pouco peso político no âmbito local. Alguns de nós consideramos que talvez essas estruturas do sistema educacional representem um último refúgio do Estado-nação diante de sua própria crise, que quer conservar o poder sobre esse sistema, apesar de que, hoje em dia, as mudanças tecnológicas estão destruindo o princípio do centralismo no sistema educacional. As estruturas centralizadas não levam em conta a existência de políticas de aproximação e desenvolvem-se a partir de princípios muito hierarquizados.

No campo das políticas culturais existe uma tendência à descentralização e uma ação ascendente das estruturas locais e regionais. É evidente que o desenvolvimento cultural requer o valor da proximidade e, acima de tudo, as conexões com amplos setores dos agentes culturais para uma maior articulação nos projetos territoriais. Essa tendência apresenta as políticas culturais como mais ágeis e adaptáveis às realidades de cada contexto, já que partem de uma estrutura mais adaptável em chave de desenvolvimento e, portanto, apresentam-se como formas de atuação possivelmente mais adaptadas à realidade.

CAPITAL HUMANO E PERFIS PROFISSIONAIS

É evidente que o capital humano necessário pelo setor educacional é muito mais amplo e extenso do que em outros setores da vida política. O aumento do número de pessoas que são incorporadas nas funções educacionais é muito grande e representa um potencial importante, ao mesmo tempo que gera um problema de adaptabilidade, em razão da dificuldade de mudanças em coletivos amplos e corporativos. Se unirmos esses perfis profissionais a uma estrutura centralista, a dificuldade aumenta.

Por outro lado, os perfis profissionais que intervêm no campo educacional são bastante limitados; basicamente fazem parte da docência, dos serviços auxiliares da docência e dos serviços administrativos de apoio à estrutura educacional. Isso permite uma formação e capacitação muito generalista e, por outro lado, um sistema de seleção bastante unitário e com poucas variações.

A variedade de profissões e perfis de que precisa o setor cultural deixa em evidência sua dispersão e diversidade. Não existe uma profissão única, mas as diversas formas como é expressada a cultura e seus diferentes níveis demandam profissionais de disciplinas variadas. A diversidade acarreta, no setor cultural, grandes dificuldades para estabelecer sistemas de formação competentes e, acima de tudo, uma falta de valorização de seus próprios profissionais. São recentes as reflexões sobre a necessidade de profissionais preparados e capacitados para o setor cultural. Até pouco tempo, considerava-se que as pessoas que intervinham no setor cultural faziam isso por sua capacidade criativa, dons pessoais ou vontades sociais. Nesse sentido, as mudanças que foram produzidas ultimamente no setor cultural, no desenvolvimento de pequenas e médias empresas, como o artesanato e a indústria cultural, mostram claramente o nível de complexidade e a necessidade de amplos perfis profissionais. Apesar de tudo, a identidade profissional dos responsáveis pela gestão de políticas culturais é muito recente, confusa e, principalmente, pouco reconhecida por sua alta vulnerabilidade, isto é, por se considerar que qualquer pessoa pode opinar e agir no campo das políticas culturais.

A PRESENÇA DA ADMINISTRAÇÃO PÚBLICA, O SETOR PRIVADO E O TERCEIRO SETOR

Na maioria dos países, o setor educacional é estruturado a partir de um setor procedente, principalmente, da administração pública; portanto, o setor público ostenta a maioria dentro do conjunto das atividades educacionais. É verdade que, atualmente, essa tendência está mudando, ao menos em alguns contextos, mas é difícil desenvolver um sistema de políticas educacionais sem uma presença majoritária do setor público. Por outro lado, os agentes privados e a sociedade civil têm um papel mais residual e não incidem tanto na generalidade como em alguns setores de alto nível econômico.

Apesar de que, geralmente, considera-se que as políticas culturais pertencem majoritariamente ao setor público, uma análise em profundidade do setor cultural mostra que o setor público não é majoritário, muito menos no volume das intervenções culturais e ainda menos quando incluímos o campo da produção e consumo cultural.

O setor cultural público tem sua importância como defensor do interesse geral e dos princípios fundamentais de uma identidade cultural, mas outros setores, como o setor privado e o terceiro setor, estão adquirindo notável importância. As políticas culturais não podem ser entendidas sem um diálogo entre esses agentes, já que eles estão assumindo a perspectiva pública da cultura mesmo sem fazer parte das estruturas do Estado. Esse é um elemento fundamental para entender que o setor cultural manifesta-se de forma diferente, conforme já analisamos outras características desta lista comparativa.

MODELOS DE GESTÃO PARA SISTEMAS COMPLEXOS

O fato de que a intervenção pública na educação seja majoritária gera uma tendência para modelos de gestão muito fechados e clássicos, isto é, a dependência do Ministério da Educação de um amplo setor das estruturas educacionais, que são reguladas por sistemas centralizados e por formas de direção hierárquica. Essa forma de gestão pretende, de acordo com os princípios do Estado centralista do século XIX, garantir a igualdade de oportunidades e a distribuição equilibrada dos recursos, mas encontra dificuldades para adaptar-se às mudanças sociais e a novas formas de gestão. Na maioria das políticas educacionais, apesar da intervenção de outros setores, como o setor privado e o terceiro setor, os modelos de gestão, em geral, são muito unitários. Quando se concebe a possibilidade de intervenção na educação pelo setor privado, este está muito regulamentado pelas estruturas do Estado para garantir esses objetivos e para evitar possíveis discrepâncias no sistema global.

As políticas culturais, em compensação, estão se desenvolvendo ultimamente a partir de modelos de gestão mistos, em que a gestão é compartilhada pelo setor público e o setor privado ou o terceiro setor e o setor privado, em formas de organização muito complexas, que harmonizam interesses comerciais com interesses gerais e, nesses momentos, adquirem modos muito interessantes de desenvolvimento. Acreditamos que esses modelos de gestão apresentam formas mais dinâmicas do que os sistemas de formação clássica.

UM EXERCÍCIO DE COMPARAÇÃO

O método comparativo pode ajudar a encontrar algumas razões das dificuldades de relacionamento entre as políticas culturais e as políticas educacionais, que podem ser concretizadas nos seguintes aspectos da análise:

— Há diferenças muito significativas entre os delineamentos das políticas educacionais e culturais, pelo que foi descrito na seção

anterior e pela própria percepção da população e de seus responsáveis políticos.
— Uma linha de ação-investigação pode ser desenvolvida partindo da análise dos principais problemas que observamos quando essas políticas agem em conjunto, mas a mais importante é estabelecer as áreas de coordenação para maior sinergia em suas intervenções, estudando as áreas de ação em que há necessidade mútua e complementaridade.
— Comparar políticas educacionais e políticas culturais para conhecer a fundo suas características iria permitir dispor de informações para o planejamento de políticas e ações.
— Observar as dificuldades interssistemas da relação entre seus funcionamentos internos por seus próprios códigos, linguagens, lógicas, valores ou finalidades sociais.
— Essas comparações nos permitem extrair um primeiro nível de conclusões sobre as principais dificuldades (ou oportunidades) para a articulação de ambos os setores, a partir de:
- antecedentes históricos e evolução dessas políticas dentro das políticas públicas do estado do bem-estar social;
- tipologia das necessidades sociais às quais respondem;
- população — destinatários: os indivíduos a quem são dirigidas essas políticas são diferentes, apesar dos novos conceitos de educação ao longo da vida;
- características do conteúdo de suas políticas;
- dependência administrativa: o controle das estruturas do Estado;
- características dos agentes sociais que intervêm: a importância do papel do setor público;
- implantação no território: a proximidade;
- estruturas de organização: nível de autonomia, liberdade e participação de suas organizações;
- perfil dos profissionais participantes etc.

CONFRONTAÇÃO E COLABORAÇÃO ENTRE AS POLÍTICAS EDUCACIONAIS E CULTURAIS: PARA UMA AGENDA COMUM

Apesar das diferenças, tanto as políticas educacionais quanto as culturais objetivam a participação e a extensão do fato educativo e cultural entre a população. Por isso, é preciso ir adiante na procura de maiores níveis de coordenação e sinergia.

É evidente que, em nossos contextos sociais, as políticas educacionais e culturais têm de encontrar maior cooperação prática. Nesse sentido:

— Algumas políticas culturais terão de adaptar-se a estratégias educacionais, como:

* criação de públicos;
* incentivo à participação;
* socialização de linguagens expressivo-criativas;
* incentivo à criação;
* comunicação de elementos simbólicos;
* circulação do fenômeno expressivo-criativo;
* difusão da identidade;
* democratização da cultura;
* resposta às tendências globalizantes.

— Algumas políticas educacionais terão de ser adaptadas a estratégias culturais, como:

* desenvolvimento de hábitos culturais;
* compreensão de novas linguagens;
* conhecimento do entorno;
* socialização de grupos sociais;
* formação permanente e ao longo da vida;
* cidade educadora;
* educação diferenciada;
* compreensão da multiculturalidade;
* consciência crítica;
* compreensão da globalização.

A CULTURA E A EDUCAÇÃO COMO FERRAMENTA DA CIDADANIA

A cultura e a educação têm uma importante dimensão política. A cultura ajuda a construir essa dimensão e a educação permite que ela seja socializada e generalizada.

Graças à educação, pode-se difundir o conjunto de finalidades sociais, valores e direitos que configuram uma sociedade, cabendo à população a possibilidade de exercê-lo e exigi-lo.

Do mesmo modo como pudemos construir direitos educacionais, devemos refletir sobre a proclamação e fundamentação dos direitos culturais. Uns e outros irão inter-relacionar-se no tecido social como elemento importante de tolerância e coesão social.

Nesse sentido, temos de orientar a procura da confluência que as políticas educacionais e culturais devem encontrar com a população no que estamos fazendo e no que devemos fazer.

Não se pode esquecer a grave crise das democracias parlamentares de nosso contexto, que exige novas orientações sobre a necessidade de uma nova cultura política para um novo cenário político.

ÁREAS DE CONFLUÊNCIA DAS POLÍTICAS CULTURAIS E EDUCACIONAIS NO ESPAÇO PÚBLICO

Em suas diversas formas e leituras, a cidade é um espaço em que concorrem múltiplos fatores, que constitui sua perspectiva pública ou coletiva e o conjunto de âmbitos individuais que convivem. Por sua vez, os diferentes agentes sociais coexistem na trama urbana, construindo e realizando suas propostas e ações.

Na complexidade desses novos contextos, desenvolvem-se ações paralelas, simultâneas, convergentes, que confluem em um mesmo fator: a população. Esta não dispõe de elementos suficientes para discernir entre os diferentes sistemas e níveis que recebe a ação pública, mas tem uma percepção global do que é bem-estar, qualidade de vida, insatisfação etc. Embora queiramos nos esforçar para diferençar as ações, cada vez mais deparamos com a complexidade da interação e da confluência que se pode apresentar como um elemento positivo ou como um fator desorientador. Além disso, esse elemento é um dos pontos críticos do Estado do Bem-Estar Social e suas políticas.

Nesse sentido, propomos uma reflexão sobre a ordenação e explicação de áreas de confluência entre as políticas educacionais e culturais a partir das grandes estratégias ou setores que estruturam ou podem ajudar a analisar suas ações. Conscientes de que muitos dos pontos podem estar em um lugar ou em outro, começamos a reflexão com as seguintes questões:

Dimensão política da educação e da cultura

— Garantir a liberdade de expressão e a luta contra toda forma de censura.
— Relacionar e estabelecer pontos entre o público e o privado visto que permitem a tecnologia disponível.
— Identificar a margem entre diversidades criativas e as diferenças inaceitáveis na convivência social.
— Difundir os direitos educacionais e culturais entre a população.
— Envolver o máximo de setores sociais na iniciativa educacional e cultural.
— Influir nas formas de proximidade dos meios de comunicação.
— Utilizar as oportunidades resultantes da ação educacional e cultural como uma forma de viver a comunidade urbana: laboratórios de liberdade, diversidade e criatividade.

Difusão cultural

— Criar programações culturais para todos os públicos.
— Fazer o acompanhamento dos processos de participação e inclusão.
— Promover a extensão cultural do conhecimento, dos signos de identidade cultural e do legado histórico significativo.
— Garantir o acesso aos bens, recursos e experiência culturais.
— Facilitar o acesso à difusão dos fenômenos expressivos criadores da cidadania.
— Estimular o potencial de aprendizado que têm os equipamentos culturais.

Incentivo à criação

— Facilitar o acesso à criação pelo mais amplo setor da população.
— Desenvolver as possibilidades criativas a partir da diversidade e da circulação de linguagens e sistemas.
— Fomentar a inovação, a vanguarda e a incorporação das novas gerações ao fato criativo.
— Fomentar e facilitar o intercâmbio entre as realidades internas e a abertura para o exterior da cidade.
— Incorporar a criação como suporte da projeção coletiva.

— Estabelecer nexos entre o conhecimento e a expressão.
— Garantir a variedade do contexto criativo.

Formação cultural

— Criar estruturas de formação cultural e básica.
— Promover formação artística inicial e especializada.
— Promover formação para a prática cultural.
— Promover formação de públicos para o consumo cultural.
— Promover formação em novas linguagens e tecnologias culturais.
— Promover educação sobre os direitos culturais.

Educação permanente, educação não formal

— Promover educação permanente suplementar.
— Facilitar o acesso aos processos educacionais e culturais ao longo da vida.
— Incorporar novas "alfabetizações".
— Desenvolver cidade educadora e seu entorno.
— Facilitar o conhecimento do entorno.
— Promover facilitação e formação dos agentes sociais para a participação e para o fomento do associacionismo.

Sistema educacional

— Incorporar práticas culturais básicas.
— Utilizar a formação cultural para o desenvolvimento de currículos formativos.
— Preparar para a incorporação da cultura no mercado de trabalho.
— Promover a formação artística.
— Situar na contemporaneidade o legado histórico e artístico.
— Desenvolver habilidades polivalentes tanto para a vida profissional quanto para o desenvolvimento pessoal e social.
— Converter as instituições de ensino em espaços culturais.

Universidade e investigação

— Incentivar a inclusão do mundo universitário na vida cultural.
— Utilizar a cultura da cidade como ferramenta de formação.

— Aproveitar seu potencial como público e como destinatário de propostas educacionais e culturais.
— Exigir o compromisso social na cultura e na educação que a universidade deve oferecer em sua qualidade de entidade pública.
— Formar para incorporar a cultura ao mercado de trabalho.
— Envolver-se na formação artística superior.
— Desenvolver linhas de investigação necessárias ao setor local, educacional e cultural.
— Criar consciência crítica e desenvolvimento de conhecimento transferível.
— Incorporar tendências e compromissos da inovação.

COMO O DIREITO À EDUCAÇÃO PODE SER INTEGRADO ÀS POLÍTICAS CULTURAIS?

De acordo com esse primeiro percurso sobre as relações entre educação e cultura, e para responder à pergunta formulada, é preciso concretizar um pouco mais minhas apreciações sobre o tema.

Em meu entender, há algumas evidências quanto às dificuldades das políticas educacionais e culturais para encontrar seu papel diante dos novos cenários comuns:

— As tentativas e os esforços, partindo de diferentes frentes para maior articulação entre educação e cultura, fracassaram e não encontram linhas de ação claras e explícitas.
— As políticas educacionais, como eram concebidas durante a primeira metade do século XX, apresentam limites muito grandes e precisam de maior articulação com outros tipos de intervenção social.
— Por diferentes causas, as políticas culturais perderam um pouco de sentido e encontram dificuldades em sua fundamentação social, principalmente, para uma maior legitimidade política:
— Basicamente, demonstra seu próprio dilema na articulação com outras políticas (exclusão social, emprego, desenvolvimento, vida comunitária etc.).
— Na reinterpretação do interesse geral e do modelo de serviço público perante um mercado que cada vez influi mais nas elites dirigentes da cultura.
— No encontro de sinergias e acordos com a educação em sentido amplo.

Na fundamentação e definição das finalidades sociais das políticas culturais, não vimos, nos últimos anos, alterações muito significativas dos postulados básicos das políticas culturais do século XIX, com exceção do auge das políticas culturais locais e de proximidade.

A maior parte delas, porém, continua baseando-se em princípios e valores "antigos" (sem pretender desvalorizá-los), com grandes inconvenientes para adaptar-se ou modernizar-se ante as mudanças sociais contemporâneas.

Podemos lembrar alguns:

— a identidade cultural (nacional, regional ou local), com todos seus benefícios e contradições;
— a defesa e a manutenção da língua (sem garantir a conservação das línguas minoritárias em sua diversidade);
— a conservação do patrimônio e da memória coletiva;
— a defesa da expressividade e o apoio à criação;
— a difusão e distribuição das manifestações culturais dominantes;
— a tradição e o folclore;
— a democracia cultural etc.

São preceitos presentes na maioria das justificativas de nossas políticas culturais, mas que deixam em evidência uma certa estagnação ante as novas colocações sociais. Ultimamente, temos observado um certo dinamismo nas contribuições para esse campo, como se pode ver no trabalho do Instituto Itaú Cultural na Declaração dos Direitos Culturais, em algumas reflexões inovadoras sobre novos valores da cultura, ou na leitura sobre as contribuições da cultura para a sociedade atual que nos ofereceu "In from the margins", do Conselho Europa.

Nesse quadro de debates, e com toda a modéstia de uma reflexão pessoal não contestada, vou apresentar, a seguir, algumas interpretações sobre as contribuições que alguns princípios do direito à educação podem fazer quando relidos na ótica da gestão das políticas culturais.

a) Generalização do sistema básico. É evidente que o princípio do direito à educação para toda a população encontra sérias dificuldades no campo da cultura. Esse princípio não visa uma homogeneização, mas sim a emergência de fatos distintos, valorizando as particularidades e exceções. Conforme já foi dito antes, aqui se encontra uma de suas grandes dificuldades de articulação. Um dado importante, porém, pode ser notado no compromisso feito pelo que é público em conseguir um serviço para toda a população; nesse sentido, poderíamos incorporar o conceito de mínimos gerais dos serviços públicos da cultura aceitando sua diversidade de uso e expressão.

b) IGUALDADE DE OPORTUNIDADES. Foi de grande importância para o direito à educação e base para a criação de sistemas compensatórios. Um direito fundamental que, na educação, encontrou uma eficácia que não foi alcançada em outros campos. É difícil articular esse princípio nas políticas culturais, embora contenha uma grande potencialidade democrática diante dos desafios da multiculturalidade e uma dimensão política em que a cultura deve ser inscrita. Proponho aprofundar esse tema numa reflexão aberta; acredito que seja interessante.

c) ACESSIBILIDADE. Atualmente, o conceito de acesso tem uma nova dimensão e leitura, mas os sistemas educacionais já abordaram, em seu tempo, a garantia de acesso de todas as crianças à escola e à educação. Complemento da igualdade de oportunidades, nos dias de hoje o acesso à cultura desenvolve-se muito na era da informação e das tecnologia da comunicação.

d) LIBERDADE DE ESCOLHA. Esse princípio, tão abordado pelos diferentes enfoques liberais, responde ao perigo de estatização do sistema educacional e, muitas vezes, à privatização do serviço público. No campo da cultura, esse princípio sempre ficou mais evidente na dimensão da escolha do indivíduo por suas preferências culturais, basicamente porque suas ofertas não são reguladas pela obrigatoriedade. Mas também responde à falta de compromisso do Estado em sua oferta cultural. Dilema e conflito que imperam no campo da reflexão das políticas culturais porque as necessidades culturais não estão tipificadas e aceitas. Não se pode esquecer a reflexão feita em "Nossa diversidade criativa", da Unesco, quando manifesta que a liberdade cultural é a liberdade mais coletiva dentre todas as liberdades.

e) TEMPORALIDADE DO DIREITO. Apesar dos novos enfoque da educação ao longo da vida etc., as políticas educacionais sempre definiram um direito à educação limitado por idades ou temporalidades limitadas. O aumento progressivo dessas garantias converteu-se em um indicador de desenvolvimento e de avanço do estado social. No campo da cultura, as temporalidades de suas ofertas não vêm condicionadas pela idade (com exceção das políticas de preços para jovens, aposentados etc.). A visão ampla de toda a população apresenta mais dificuldades de compromisso, já que pode ser ilimitada e impossível de gerir. Cultura para todos é um conceito retórico e difícil de levar a termo se não forem concretizados com mais detalhes os serviços mínimos para todos os cidadãos.

f) Novas alfabetizações. É evidente que o objetivo básico da erradicação do analfabetismo continua vigente e obriga a que esse direito receba atenção por todo o planeta. Mas, tendo em vista as novas realidades, o conceito de alfabetização vai mudando de perspectiva e é ampliado para além da simples educação básica. Nesse sentido, percebe-se que, para entender todas as novas formas de expressão e das linguagens da cultura contemporânea, será preciso uma ação educacional que aproxime a maioria da população da possibilidade de entender e se expressar nesses novos códigos. Já não serve, apenas, o conceito de taxa de alfabetização, ou ela terá de ser medida por parâmetros diversos do que os utilizados atualmente. As alianças entre educação e cultura para uma nova "alfabetização" constituem um campo de cooperação muito importante e uma nova fundamentação para a ação pública das políticas culturais.

g) A ação de compensação. Os processos de exclusão social e cultural de uma parte significativa da população representam um dos problemas democráticos mais importantes da atualidade. O sistema educacional sempre manteve, como direito inquestionável, valores diferenciais direcionados para pessoas com dificuldades ou anomalias funcionais. Nesse sentido, as políticas culturais assumiram posições muito tímidas, e consideramos que a realidade de nossas sociedades pede maior sensibilidade do setor cultural pela ação dirigida aos mais desfavorecidos, entendendo que a exclusão cultural apresenta consequências muito traumáticas para a convivência e para os princípios democráticos.

h) Liberdade de expressão. A luta contra todo tipo de censura e a liberdade de criação têm sido um dos valores da democracia cultural. Apesar das contribuições feitas pela cultura para a democracia e as lutas contra a intolerância ou qualquer tipo de ditadura, a liberdade de expressão, de criação etc., ela não se concretiza em direitos estabelecidos, e a cultura ainda se defronta com posições intransigentes ou interpretações da liberdade de expressão. Os sistemas educacionais democráticos e desenvolvidos estabeleceram o princípio da "liberdade de cátedra" para o mundo acadêmico e regulado, em muitos países, em seu ordenamento jurídico-constitucional. Nesse sentido, uma maior reflexão sobre a liberdade de expressão e de opinião nas legislações culturais pode trazer uma nova dimensão a esse princípio.

i) PARTICIPAÇÃO SISTEMATIZADA. Conforme as diferentes tradições culturais, a participação no sistema educacional é fixada em sua regulamentação e é formalizada de acordo com alguns princípios. A política educacional de uma sociedade democrática não pode ser implementada sem a participação de seus agentes sociais. A pesar de suas limitações, essa fórmula não é instituída no campo das políticas culturais, em que a participação se encontra muito mediatizada por interlocutores sociais muito diversos e sem reconhecimento formal. Perguntamo-nos se a participação dos agentes culturais e do terceiro setor deve ser formalizada para um maior envolvimento da sociedade em sua política cultural. Sua simples formulação representa um reconhecimento. O problema é: como regular esse direito?

j) PROTEÇÃO CONTRA AS DESIGUALDADES. Os antecedentes da filantropia e a religião, dentro do pensamento educacional, sempre se manifestaram com muita sensibilidade pelos mais fracos. A descoberta da infância no século XX serviu para criar um sistema de valores de proteção ante a arbitrariedade dos adultos, que ainda se mantém em muitas realidades. Nesse sentido, as políticas de proteção foram dirigidas aos menores e, progressivamente, a outros setores da população. O que quer dizer uma política de proteção em cultura? Só tem sido aplicada no campo material, ultimamente, a certos aspectos intangíveis, mas não se desenvolveu de forma mais ampla, como lembram certas declarações internacionais. Os grupos dos excluídos culturais, as minorias, as formas de expressão não convencionais, os novos criadores, as línguas minoritárias etc. representam um patrimônio muito significativo para uma comunidade diante dos desafios da globalização. É nesse sentido que uma visão do tema nos pode apresentar uma forma diferente de ler o conceito de proteção em face dos fenômenos dominantes do mercado cultural. Nesse campo, a contribuição dos direitos à educação pode servir como ponto de partida para uma aplicação mais ampla.

Tradução de Ana Goldberger

SOBRE OS AUTORES

ALFONS MARTINELL SEMPERE

Diretor da Cadeira de "Políticas Culturais e Cooperação" da Unesco. Professor Titular da Universidade de Girona, especialista em Formação de Gestores Culturais, Cooperação Cultural e Desenvolvimento, Políticas Culturais Territoriais e Cultura e Educação. Foi Diretor-Geral de Relações Culturais e Científicas da Agência Espanhola de Cooperação Internacional, do Ministério de Assuntos Exteriores e Cooperação da Espanha (2004--2008). Fundador e Presidente da Fundação Interarts (Barcelona, 1995-2004). Trabalhou em projetos com a Unesco e outros organismos internacionais. Tem publicados diversos livros, artigos e trabalhos sobre o campo de gestão cultural, políticas culturais, cultura e desenvolvimento, cooperação cultural internacional. É docente em diferentes universidades da Espanha, Europa e América Latina e já dirigiu projetos de cooperação cultural em instituições internacionais.

EDGARD DE ASSIS CARVALHO

Graduação em Ciências Sociais pela Universidade de São Paulo (1968), Doutorado em Antropologia pela Faculdade de Filosofia Ciências e Letras de Rio Claro (1974), Pós-Doutorado pela École des Hautes en Sciences Sociales, EHESS (1980) e Livre-Docente pela Faculdade de Ciências e Letras de Araraquara, Unesp (1995). Atualmente é professor titular de Antropologia da Pontifícia Universidade Católica de São Paulo e Coordenador do Núcleo de Estudos da Complexidade, Membro do Conselho Científico da Universidad del Mundo Real, Hermosillo, México. Representante da Cátedra itinerante da Unesco Edgard Morin. Tem trabalhos, livros, artigos, orientações de dissertações e teses na área da Teoria Antropológica Contemporânea e Antropologia dos Sistemas Complexos.

GEMMA CARBÓ RIBUGENT

Licenciada em Filosofia e Letras, especialista em difusão do patrimônio cultural e mestre em Gestão Cultural, assim como DEA em Direito da Cultura. Atualmente prepara sua tese de doutorado no Grupo de Investigação em Gestão e Administração de Políticas Sociais e Culturais na Universidade de Girona. É coordenadora de projetos na Cadeira Unesco de Política Culturais e Cooperação na Universidade de Girona e membro do grupo de educação e cultura dessa matéria. Já trabalhou como consultora cultural para a Fundação Barcelona Media Centro de Inovação e para organismos como a Aecid na redação, junto com Lucina Jiménez, do Programa Formart para o desenvolvimento da linha complementaridade entre educação e cultura prevista na estratégia de Cultura e Desenvolvimento da cooperação espanhola. Coordenou a publicação digital e impressa dos seminários internacionais: *A cultura: estratégia de cooperação para o desenvolvimento* (2008) e *Educação, cultura e cooperação para o desenvolvimento* (2009).

JUREMA MACHADO

Arquiteta, coordenadora de Cultura da Unesco no Brasil, supervisiona os programas e aplicações das convenções da Unesco sobre o tema no país. Presidiu o Instituto Estadual do Patrimônio Histórico e Artístico de Minas Gerais (Iepha/MG).

LUCINA JIMÉNEZ

Mestra em Ciências Antropológicas pela Universidade Autônoma Metropolitana-Iztapalapa. Especialista em políticas culturais, gestão cultural e educação artística. É autora dos livros: *Políticas culturales en transición: retos y escenarios de la gestión cultural en México*; *Democracia cultural:*

un diálogo a cuatro manos entre Sabina Berman y Lucina Jiménez; Teatro y Públicos: el lado oscuro de la sala, com Marisa Jiménez Cacho; e *Gestión de proyectos artísticos: estrategias para la recaudación de fondos y el desarrollo de públicos*. Junto com Jesús Martín Barbero e Renato Ortiz, publicou *Cultura y Sostenibilidad en Iberoamérica*. É diretora-geral do Consórcio Internacional Arte e Escola A.C. (ConArt), coordenadora de Políticas Culturais do Observatório de Comunicação, Cultura e Artes do México; membro do Grupo de Especialistas Internacionais em Educação Artística, Cultura e Cidadania da Organização dos Estados Ibero-americanos, da Cadeira Unesco de Políticas Culturais e Cooperação Internacional da Universidade de Girona (Espanha) e coordenadora do Programa de Investigação da Educação e Artes, da Universidade do Claustro de Sor Juana, da Universidade Pedagógica Nacional e ConArt.

PATRICIO RIVAS

Sociólogo, doutor em Filosofia da História. Atualmente é assessor internacional do Ministério da Cultura do Equador. Exerceu os cargos de Coordenador da Área de Cultura do Convênio Andrés Bello e de Coordenador Geral da Divisão de Cultura do Ministério da Educação do Chile. Prêmio Nacional de Ensaio 2003. Participou de diversos seminários internacionais e integrou grupos de trabalho nos Ministérios da Cultura da Colômbia, Argentina, Paraguai, México, Guatemala e El Salvador. Autor de uma série de artigos sobre políticas culturais e filosofia da cultura. Tem ampla experiência como professor, nacional e internacional, em Políticas Culturais, Teoria do Estado e História Contemporânea.

SAÚL SOSNOWSKI

Nasceu em Buenos Aires (1945). É professor de Literatura e Cultura Latino--americana na Universidade de Maryland, College Park; dirigiu, até 2008, o Centro de Estudos Latino-americanos, que fundou em 1989, e desde 2000 é Vice-reitor para Assuntos Internacionais. É autor de vários livros e editor ou coeditor de mais de quinze livros, vários sobre a representação da cultura nas últimas ditaduras no Cone Sul e o papel da cultura no fortalecimento das instituições democráticas. É fundador (em 1972) e diretor da revista de literatura *Hispamérica*, que está em seu trigésimo nono ano de publicação consecutiva. Em 1995 lançou o projeto "Uma cultura para a democracia na América Latina". Suas conferências e publicações ao longo de mais de uma década se centraram em temas sobre educação cidadã, democracia e administração de conflitos, com ênfase na América Latina. Como resultado de vários anos de colaboração, produziu, com a artista plástica Mirta Kupferminc, *Borges y la Cábala: senderos del Verbo*, livro de bibliofilia publicado em 2006, que foi motivo de exposições no Centro Cultural Recoleta (Buenos Aires), na Biblioteca do Congresso (Washington, D.C.) e em outras cidades dos Estados Unidos.

TEIXEIRA COELHO

Foi coordenador do Observatório de Políticas Culturais da ECA-USP, diretor do MAC-USP; e, atualmente, é curador-coordenador do Masp. É autor, entre outros, de *Moderno pós moderno*, *Dicionário crítico de política cultural*, *Niemeyer: um romance*, *História natural da ditadura*, que recebeu o prêmio Portugal Telecom de Literatura de 2007, e de *O homem que vive*.

*OUTROS TÍTULOS
DESTA EDITORA*

CULTURA E ECONOMIA
Paul Tolila

A CULTURA E SEU CONTRÁRIO
Teixeira Coelho

A CULTURA PELA CIDADE
Teixeira Coelho (org.)

MADE IN BRASIL
Arlindo Machado (org.)

O MEDO AO PEQUENO NÚMERO
Arjun Appadurai

A REPÚBLICA DOS BONS SENTIMENTOS
Michel Maffesoli

SATURAÇÃO
Michel Maffesoli

CADASTRO
ILUMI//URAS

Para receber informações sobre nossos lançamentos e promoções envie e-mail para:

cadastro@iluminuras.com.br

Este livro foi composto em Myriad pela *Iluminuras* e terminou de ser impresso no dia 20 de junho de 2011 nas oficinas da *Orgrafic Gráfica*, em São Paulo, SP, em papel off-white 70g.